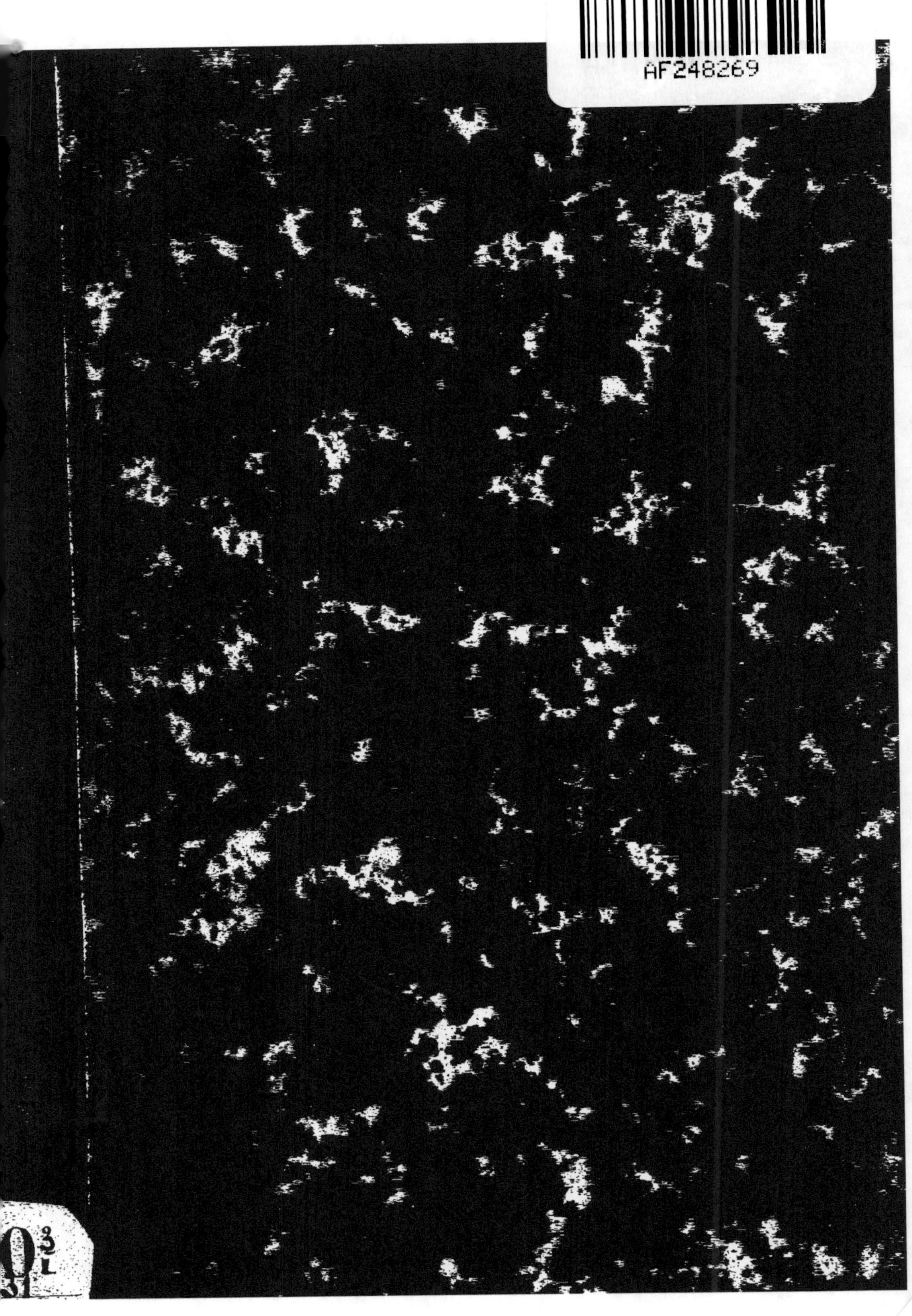

AF248269

PRINCIPALES ÉPOQUES

DE

LA TUNISIE

DOCUMENTS POUR SERVIR A L'HISTOIRE DE CE PAYS

PAR

A. OUALID

MEMBRE DE PLUSIEURS SOCIÉTÉS PHILANTHROPIQUES D'ALGER, DE FRANCE ET DE L'ÉTRANGER.

Dédié à S. A. SIDI MOHAMMED-EL-SADOQ

PACHA-BEY, POSSESSEUR DU ROYAUME DE TUNIS

ALGER
IMPRIMERIE DE L'ASSOCIATION OUVRIÈRE, VICTOR AILLAUD ET Cie.

1874

A SON ALTESSE

LE MUCHIR SIDI MOHAMMED EL-SADOQ

PACHA-BEY, POSSESSEUR DU ROYAUME DE TUNIS

Illustre et Magnifique Seigneur,

Je viens de mettre la dernière main à un travail qui a pour objet de faire connaître les principaux événements qui ont marqué le règne de vos prédécesseurs et fixer sur votre beau pays l'attention de l'Europe. Dans le nombre de ces événements, il en est qui attestent le patriotisme des Tunisiens, d'autres qui révèlent leur courage ; tous témoignent de leur amour pour une sage liberté.

Quand un peuple est doué de pareils sentiments et d'aspirations aussi honorables, la tâche d'un souverain, à l'esprit vraiment élevé, est de les développer et de les servir.

A l'exemple de Ahmed Bey, l'un de vos illustres prédécesseurs, Votre Altesse, obéissant aux impulsions de sa haute intelligence et de son cœur, s'est constamment attachée à donner satisfaction aux instincts de ses sujets. De là, ce respect et cette vénération que Votre Altesse leur inspire et que partagent les personnes qui ont suivi avec attention les phases de votre long et heureux règne.

Illustre et magnifique Seigneur, en déposant à vos pieds le fruit de mes études sur l'histoire de la Tunisie, ce n'est pas comme un hommage digne de vos grandes lumières que je l'offre à Votre Altesse, c'est pour lui témoigner, de la seule façon qui me soit permis de le faire, mon profond respect pour son caractère et pour sa personne.

Je mets toutes mes obéissances aux pieds de Votre Altesse.

A. OUALID

Trésorier de la Société de secours mutuels *les Arts-et-Métiers* d'Alger,

rue Bab-Azoun, 1.

Alger, le 17 juillet 1872.

AVANT-PROPOS

———

On a publié de nombreux opuscules sur la Régence de Tunis, sans qu'aucun d'eux ait revêtu un caractère d'originalité bien tranchée. Tous semblent être sortis du même moule, parce que tous ont été servilement reproduits d'après des leçons depuis longtemps admises, leçons que l'on s'est borné à modifier quelque peu dans la forme, afin de les faire accepter comme œuvre nouvelle. De là, cette uniformité dans le narré des faits et cet accord monotone dans les appréciations portées sur ceux-ci.

Lorsqu'on écrit l'histoire d'un pays, il faut non-seulement en connaître la langue, mais il est nécessaire aussi de posséder celles des peuples qui ont été en contact influent avec lui. En partant de ce principe, nous dirons que pour faire un bon livre sur la Tunisie, on devrait avoir une connaissance suffisante de l'arabe, de l'espagnol et de l'italien, afin de pouvoir rechercher dans des annales, souvent non traduites, tout ce qui a trait de près ou de loin au sujet dont vous vous occupez. Or, la plupart des publicistes qui ont fait de ce pays l'objet de leurs études, n'avaient, excepté deux ou trois, aucune connaissance de ces langues. Par conséquent, ils n'ont pas été à même de puiser les éléments de leur travail aux sources où il convenait de les chercher.

Nous n'avons pas la prétention de réunir ces avantages au degré que nous indiquons comme désirable ; mais les notions que nous possédons nous ont permis de construire notre modeste édifice avec des matériaux empruntés à des auteurs étrangers. On remarquera donc, dans le cours de notre récit,

des faits demeurés jusqu'à présent inconnus, parce qu'ils n'avaient pas é
traduits dans notre langue. L'origine toute française de Barberousse, p
exemple, est, à coup sûr, l'un des plus curieux que nous ayions à s
gnaler.

Ainsi que notre titre l'indique, ce travail n'est point ce qu'on appelle
livre, c'est une réunion de renseignements qui pourront être utilement co
sultés par ceux qui entreprendront d'écrire une histoire complète et sérieu
de la Régence de Tunis.

PRINCIPALES ÉPOQUES

DE

LA TUNISIE

———

1270. — L'insuccès de sa première croisade en Terre-Sainte était un sujet si constant d'affliction et de regret pour Saint-Louis, qu'il avait à la fin résolu de retourner en Palestine, dans l'espoir de rendre à ses armes le prestige qu'elles y avaient perdu.

Ce projet n'était pas du goût de son frère Charles, qui régnait alors en Sicile : celui-ci, fort désireux d'abaisser la puissance du roi de Tunis, dont les sujets ravageaient incessamment les côtes de ses Etats, pressait vivement le roi de lui prêter l'appui de ses forces pour accabler son ennemi, sauf à reprendre plus tard son projet sur la Palestine.

An nombre des raisons qui militaient en faveur de son idée, il en était une qui devait avoir une grande influence sur l'esprit religieux du monarque français : Charles prétendait, en effet, que le roi de Tunis, une fois vaincu, ne ferait vraisemblablement aucune difficulté pour embrasser la religion du Christ, puisque déjà il paraissait, dit-on, assez enclin à l'adopter.

Les histoires de ces temps reculés ne disent pas les motifs qui engageaient le prince musulman à feindre ces dispositions, mais il est à supposer que la crainte d'être accablé par les armées chrétiennes le détermina à entrer en pourparlers avec Saint-Louis sur un sujet aussi délicat. C'était, selon lui, un moyen de détourner l'orage. Son illusion ne fut pas de longue durée. De son côté, le roi de France croyait sincèrement qu'il suffirait de fournir à ce souverain l'occasion de proclamer son dessein pour que toute l'Afrique suivit aussitôt son exemple et se convertît au christianisme.

Une raison politique s'ajoutait à ce motif entièrement religieux : les corsaires tunisiens couvraient toute la Méditerranée et interceptaient les secours que l'Europe envoyait aux croisés. Il fallait donc couper court à ces excès.

Entraîné par ces diverses considérations, le roi céda aux suggestions d
son frère, et la flotte française, après avoir essuyé de très mauvais temps
sa sortie d'Aigues-Mortes, et perdu plusieurs bâtiments, arriva enfin en vu
des côtes d'Afrique et y débarqua ses troupes.

Saint-Louis mit le pied sur cette terre dans le courant de juillet 1270. .
cette époqne, un prince maure avait conçu la louable entreprise de recons
truire Carthage. Déjà même, plusieurs monuments importants s'élevaien
çà et là au milieu des ruines de l'antique cité, et une citadelle couronnait l
colline de Byrsa.

Le roi résolut d'enlever Carthage avant d'assiéger Tunis, qui était un
place de premier ordre, au triple point de vue de la richesse de ses habitants, de son commerce et de ses fortifications. Il chassa les Sarrazins d'un
tour qui défendait la Piscine, s'empara du château de Byrsa, et la vill
nouvelle tomba dans les mains du vainqueur.

Mais la fortune sembla abandonner St-Louis après ce premier succès.
Comme il ne pouvait pas assiéger Tunis avant d'avoir reçu les secours qu
lui amenait le roi de Sicile, il fut obligé de concentrer son armée dans
l'isthme, circonstance qui engendra une maladie contagieuse dont la moitié
de ses soldats périrent. Le soleil d'Afrique dévorait, pour ainsi dire, des
hommes habitués à vivre sous un ciel plus clément, et des combats perpé-
tuels achevaient d'épuiser les forces de ceux qui avaient résisté à l'élévation de la température. Le nombre des victimes était tel que les vivants ne
suffisaient plus à leur donner la sépulture ; en sorte que les cadavres gi-
saient sur le sol et remplissaient l'atmosphère d'exhalaisons pestilentielles.

Déjà les comtes de Nemours, de Montmorency et de Vendôme avaient
succombé ; le roi avait vu mourir dans ses bras son fils bien-aimé, le comte
de Nevers. Lui-même se sentit attaqué de la peste. Dès le premier instant,
il ne se dissimula point que le cas était mortel. Toutefois, il essaya de
tromper son entourage sur la gravité de sa situation ; il imposa même un
frein à la douleur que lui causait la perte de son fils. La mort empreinte
sur tous ses traits, il n'en accomplissait pas moins ses devoirs de roi et de
chef d'armée, visitant les hôpitaux, dictant les mesures de défense que les
circonstances exigeaient, etc., etc.

Tant de courage devait avoir un terme. Accablé par le mal, le roi fut
contraint de garder le lit, et bientôt après, le 15 août 1270, il rendait son
âme à Dieu.

Presque au même instant, Charles d'Anjou, roi de Sicile, mouillait dans
le golfe de Tunis avec une flotte abondamment pourvue d'hommes, de mu-

nitions de guerre et de vivres. Ce fut un grand sujet de consolation pour l'armée que la mort de son excellent chef avait jetée dans le désespoir. Charles défendit qu'aucun honneur lui fût rendu et que personne se dérangeât pour le visiter. Sa douleur fut grande lorsqu'il apprit la perte qu'il venait de faire ; mais les circonstances lui commandaient de ne pas s'en laisser accabler. Après avoir prié pour l'âme de son malheureux frère, il s'éloigna quelque peu de la couche sur laquelle son corps était étendu, et, en quelques paroles vivement senties, il conjura l'armée de reprendre courage ; puis, s'adressant à Philippe, son neveu, le plus jeune des fils du roi défunt, il l'engagea à continuer l'entreprise. Comme Charles ne doutait pas que les troupes françaises ne fussent attaquées d'une maladie contagieuse, il arrangea son camp de manière à pouvoir les secourir contre l'ennemi, sans que ses propres forces fussent exposées au danger de la contagion. En conséquence, il plaça son camp à une lieue environ de l'endroit où se trouvait l'armée du roi défunt, et à deux lieues du gros des forces ennemies.

Les Maures inquiétaient vivement les deux armées chrétiennes : c'étaient des embûches perpétuelles. Dans l'une de ces escarmouches, les chrétiens perdirent deux chevaliers de la plus remarquable valeur : Hugues de Beauçon et Guy son frère.

La perte de ces deux braves officiers exaspéra les troupes. On résolut d'aller attaquer le camp des Africains et de les forcer à accepter la bataille. Mais ce projet échoua, grâce à un stratagème employé avec succès par l'ennemi. Le jour indiqué pour l'attaque, un vent violent s'était élevé et soulevait des flots de poussière qui aveuglaient les soldats chrétiens. Les Africains profitant de cette circonstance, augmentèrent encore l'intensité de cette poussière en remuant avec des pelles les dunes de sable qui bordent la côte là où leur camp se trouvait établi. L'armée chrétienne dut renoncer à son projet.

Quelques jours après, les Maures résolurent d'attaquer à leur tour l'armée franco-italienne. Ils se présentèrent en très bon ordre, mais ils furent si vaillamment reçus que près de trois mille des leurs jonchèrent le sol de leurs cadavres.

Cette défaite, quoique considérable, n'anéantit pas, il s'en faut, la puissance de l'ennemi. D'ailleurs, il occupait des positions avantageuses qu'on ne pouvait enlever sans de grandes pertes. Ces obstacles ne firent qu'augmenter l'ardeur des troupes alliées. Elles formèrent autour des Africains un cercle si étroit qu'il ne restait à ceux-ci d'autre alternative que celle d'abandonner leur camp ou d'accepter la bataille qu'on leur présentait. Le roi de

Tunis s'arrêta à ce dernier parti, dans l'espoir d'obtenir un grand suc-
par le moyen des renforts considérables que venaient de lui envoyer pl
sieurs petits princes, ses voisins. L'engagement dura peu de temps, m
l'attaque avait été si vigoureuse que les Africains ne purent y résister.
abandonnèrent leur camp avec toutes les richesses qu'il renfermait.

Le roi de Tunis voyant qu'il lui serait impossible de continuer la lu
avec des troupes aussi peu solides que celles dont il disposait, députa
grand personnage vers le roi de Sicile pour solliciter la paix à des cond
tions équitables.

Des dissentimennts éclatèrent au sein du Conseil où fut débattue la pr
position du prince maure. Les uns étaient d'avis de refuser la paix, par
que, selon eux, Tunis ne pourrait résister à une attaque sérieuse, et qu'u
fois cette capitale réduite, il serait facile d'avoir raison de tout le reste
royaume. Les autres prétendaient qu'il y avait lieu de traiter de la pai
parce que la situation générale des affaires et la saison commandaient
prendre ce parti. Ils ajoutaient que l'armée était affaiblie par les combats
par les maladies, et qu'elle ne serait pas en état d'attendre l'arrivée d
renforts dont elle avait grandement besoin.

La majorité des membres du Conseil s'étant rangée à cette opinion, o
rédigea les clauses d'un traité qui fut accepté par le roi maure. Le princ
paya les frais de la guerre ; il s'obligea à n'exiger aucun droit de la part de
négociants chrétiens qui trafiqueraient dans les ports de ses Etats. Enfin
il se reconnut tributaire du roi Charles, et promit de lui payer chaque an
née la somme de 400,000 écus.

Enchanté d'avoir conclu ce traité et d'avoir humilié son ennemi, Charle
d'Anjou retourna dans ses Etats avec les principaux chefs de l'armée. Plu
sieurs de ces grands personnages ne purent jouir des avantages qu'ils avaien
conquis dans cette campagne, car ils succombèrent sous les atteintes d
fléau dont ils avaient emporté les germes en quittant l'Afrique. Alphonse
comte de Poitiers, et sa femme, Jeanne de Toulouse, furent enlevés par l
peste peu de jours après leur arrivée en Sicile.

Charles d'Anjou rapporta en Europe la dépouille mortelle de St-Louis.
Les intestins furent déposés à Moureale, dans les environs de Salerne. L
cœur et les ossements du saint roi furent confiés à la garde des religieux d
l'abbaye de St-Denis.

De 1307 à 1461, c'est-à-dire durant une période de cent cinquante an
nées, aucun fait remarquable n'attira l'attention de l'Europe sur le royaume
de Tunis. Abou Sciled, Abou Omar Otman et Abou Zaccaria, princes obs-

curs, y gouvernent avec le titre de roi. Mais bientôt, vers le commencement du XVIe siècle, la renommée s'attache à un nom qui occupe une grande place dans l'histoire de ce pays. Nous voulons parler de Barbérousse.

Kheir Eddine, surnommé Barberousse par les Européens, était de la maison d'Authon, établie depuis un temps immémorial dans la Saintonge. Son père avait épousé Marguerite de Mercueil, qui descendait elle-même de l'une des plus anciennes familles du Périgord. Elle lui avait apporté en dot les terres et la seigneurie de la Bernardière et de Combes. Deux fils furent les fruits de cette union. Les propriétés du père échurent en partage à l'aîné ; le plus jeune obtint pour sa part les terres et la seigneurie que nous avons nommées plus haut. C'est de ce dernier, c'est-à-dire du plus jeune des deux frères que nous allons raconter la vie pleine d'aventures. Elle se lie aux événements qui vont suivre.

1501. — Dans le courant de cette année 1501, Louis XII, roi de France, envoya une flotte de soixante vaisseaux pour assister les Vénitiens dans la guerre qu'ils soutenaient contre les Turcs. La noblesse du royaume sollicita vivement la permission de s'embarquer pour servir sous les ordres du seigneur de Ravenstein qui commandait les troupes auxiliaires. Le chevalier d'Authon, croyant avec raison qu'il serait honteux pour lui de rester spectateur tranquille de cette expédition, alors que tous ses contemporains ambitionnaient d'y prendre part, afferma ses terres de Bernardière et de Combes, se fit donner sur le prix de location une avance considérable et s'associa pour aller rejoindre l'armée, à un jeune homme nommé Montsoreau, de la maison de Berneuil, en Anjou. Ils se jurèrent une amitié fraternelle et se promirent mutuellement de ne jamais se séparer.

Tous deux partirent en même temps et furent s'embarquer avec M. de Ravenstein.

Lorsque les Français et les Vénitiens eurent opéré leur jonction, Pezaro, qui commandait ces derniers, proposa au général français d'aller assiéger Métélin. Les jeunes volontaires français s'abandonnèrent dans cette entreprise à toute la fougue de leur caractère, et déjà le siége avançait et promettait une prompte soumission de la ville et de l'île, lorsque la discorde éclata entre les deux chefs. Pezaro prétendit commander seul. Cette prétention déplut à M. de Ravenstein qui résolut alors de retourner en France avec ses troupes.

La vie active des camps était tellement dans les goûts des chevaliers d'Au-

thon et de Montsoreau, que la seule pensée de retourner vivre tranquill
dans leurs foyers les effrayait. Ils se soustrairent autant que possible au
regards de leurs compagnons qui allaient s'embarquer et restèrent à Mété
lin. Là, ils firent de nouveau le serment d'être toujours amis, achetèrer
un petit bateau, formèrent son équipage avec des marins français qui avaier
déserté leur bord, et entreprirent de faire la course. C'est ainsi que débu
un homme qui, plus tard, fit trembler le tout-puissant Charles-Quint.

Nos deux chevaliers firent des prises considérables. Puis, devenus riches
ils résolurent de retourner dans leur pays pour y faire parade de leur opu
lence. Afin de donner un caractère quelque peu merveilleux à son voyage
le chevalier d'Authon répandit qu'il emportait avec lui une relique de l
Vierge qu'il avait miraculeusement découverte auprès de Jérusalem. Il af
fectait d'y attacher un prix infini. A la fin, il en fit don à la paroisse d
Champeau, sur laquelle était située sa terre de la Bernardière.

Les deux chevaliers ne tardèrent pas à s'ennuyer baeucoup dans leu
pays, et ils résolurent de retourner à Métélin. Afin de se procurer le
moyens d'acheter un grand bâtiment, le chevalier d'Authon vendit ses terre
au grand-père de l'historien Branthôme. Leurs courses eurent encore plus de
succès que les précédentes.

Revenus de nouveau dans leur pays avec l'intention de s'y fixer, ils ne
purent encore cette fois résister à l'ennui d'une vie inoccupée, et abandonnèrent pour toujours, la terre de France.

De retour à Métélin, ils y reprirent leur ancien métier de corsaires,
s'enrichirent considérablement, ce qui les attacha définitivement à cette
aventureuse carrière. Ils embrassèrent la religion du Prophète, se firent
passer pour deux frères, tous deux fils d'un renégat israélite originaire de
Métélin.

Pour faire perdre la trace de leur naissance, ils changèrent de nom :
Authon devint Kheir Eddine, Montsoreau prit le nom de Horak auquel il
ajouta plus tard le surnom de Barberousse.

Depuis cette époque, il ne fut plus question d'eux dans leur pays. On les
crut morts.

Comme ils firent beaucoup de bruit dans le monde, on s'occupa de re-
chercher leur origine ; mais personne ne la découvrit, et les historiens Paul
Joves, Marmol et de Thore, qui en ont parlé, n'ont jamais pu la pénétrer.
Ils se bornent à dire que Métélin les avait vu naître.

Ils ne tardèrent pas à s'associer avec un nommé Kemel dont la renommée comme corsaire éclipsait celle des plus célèbres forbans. Ils profi-

tèrent de ses enseignements pour se perfectionner dans l'art de la navigation. Horak prit la qualité de lieutenant de Kemel ; mais il agissait toujours après avoir pris l'avis de son ami. Il n'y avait de distinction entre eux que celle du titre. Comme ils avaient fait beaucoup de riches captures, que le nombre de leurs bâtiments et de leurs prisonniers augmentait considérablement, et qu'une infinité de petits corsaires s'étaient rangés sous leur obéissance, ils se décidèrent à croiser dans la Méditerranée.

1517. — A cette époque, une guerre civile des plus violentes ensanglantait la Régence d'Alger. Deux frères se disputaient le pouvoir ; l'un avait pris à sa solde un grand nombre de cavaliers arabes pour soutenir la lutte ; l'autre qui regardait sa perte comme certaine, était à bout d'expédients. Sur ces entrefaites, Barberousse apparut sur les côtes d'Alger. Le prince qui était au moment d'être accablé par son compétiteur, vit avec joie arriver ce célèbre étranger à la tête de forces considérables. Il entra en pourparlers avec lui et lui offrit un subside énorme s'il consentait à se mettre dans ses intérêts. Horak agréa ces propositions ; il débarqua son monde et attaqua les arabes avec tant de vigueur qu'ils ne purent résister à ce premier choc. A partir de ce jour, le nom turc suffit à inspirer la terreur aux Arabes et aux Maures.

Ce succès fut comme un aiguillon pour l'ambition de Horak. Il résolut de profiter de sa victoire pour s'emparer du trône d'Alger.

L'exécution de son projet lui parut être d'autant plus facile qu'il avait parfaitement compris que les maures étaient fort ignorants dans l'art de la guerre, et qu'il existait parmi eux des divisions qui augmentaient les chances de les battre et de les soumettre à son autorité. Quant aux arabes, ils lui parurent légers et inconstants, par conséquent peu redoutables. Après avoir gagné les uns par les plus belles promesses et intimidé les autres par les plus terribles menaces, ils se fit proclamer roi. Le premier acte de son gouvernement, fut un acte d'atrocité : il fit étrangler dans le bagne Selim Entemy celui-là même qui l'avait appelé à son secours.

Les deux frères se partagèrent aussitôt après, le pouvoir qu'ils venaient d'usurper. Kheir Eddine se chargea de tout ce qui concernait la marine et ravagea les côtes de la Sicile. Horak se chargea de l'intérieur.

Ce dernier, après avoir fait quelques conquêtes, fut fait prisonnier et mis à mort.

Kheir Eddine se fit proclamer roi d'Alger à la place de Horak, et ajouta à son nom celui de Barberousse II. Sa réputation s'étendit si rapidement, que Soliman II, empereur des Turcs, lui confia une armée navale destinée à étendre son empire par la conquête de nouveaux États.

1532. — Les rois de Tunis avaient repris possession du trône que leur avait arraché le roi de Fez. Ils durent ce résultat inespéré à la générosité d'Abou-Selam qui réintégra dans son autorité Abou Abbès, Mouley Ahsen le dernier des fils de M'hammed. L'histoire ne dit rien de ce prince. On sait seulement qu'il régna trente-cinq ans, au milieu d'agitations incessantes.

Kheir Eddine, en abandonnant l'Italie, conçut le dessein de surprendre le roi de Tunis, Mouley Ahsen, avant que celui-ci ait eu le temps de se préparer à lui résister.

Barberousse comptait beaucoup sur les divisions intestines qui déchiraient ce royaume pour faciliter la conquête qu'il méditait d'en faire. M'hammed le dernier souverain de ce pays, avait eu de ses différentes femmes trente-quatre enfants. Le plus jeune d'entre eux, Mouley Ahsen, avait été choisi par lui pour occuper le trône. Ce n'était point son mérite qui l'avait désigné au choix du vieux monarque pour lui succéder, c'était l'habileté de sa mère qui lui valait cette préférence. Afin que le vieillard ne pût revenir sur la désignation qu'il avait faite, elle commença par l'emprisonner ; puis, persévérant dans son atroce politique, elle fit successivement mourir tous ceux des frères du jeune monarque dont elle put se saisir. L'un des plus âgés de ces infortunés jeunes gens, le nommé Raschid, parvint à se soustraire aux recherches de cette abominable femme, et fut chercher un asile parmi les arabes nomades. Secondé par plusieurs de leurs chefs, il fit un grand nombre de tentatives pour détrôner son rival ; mais aucune ne réussit. Bien plus, par suite de l'inconstance de leur caractère, les arabes étaient sur le point de le livrer à son frère, lorsque, par bonheur, il réussit à gagner les terres algériennes, seule contrée où il put se réfugier.

Arrivé à Alger, il s'empressa de se rendre auprès de Barberousse qu'il supplia de le protéger. Celui-ci comprit de suite tout le parti qu'il pouvait tirer de cette circonstance, et, en attendant que le moment d'en profiter fût arrivé, il combla le jeune prince de témoignages d'amitié.

Quelque temps après, il lui fit part du dessein qu'il avait de se rendre à Constantinople et l'engagea vivement à l'y accompagner, en lui faisant entrevoir que Soliman, prince aussi puissant que généreux, lui fournirait les moyens de reconquérir son royaume. Raschid fut entraîné par ces conseils. Il suivit Barberousse à Constantinople. A peine ce dernier y fut-il arrivé, que son premier soin fut de suggérer au grand seigneur l'idée d'attaquer la Tunisie et d'ajouter ce royaume à son empire. L'entreprise aurait lieu au nom du prince détrôné afin d'obtenir la coopération des partisans qu'il avait dans le pays. Soliman se prêta sans trop de difficulté à l'accomplissement de ce dessein perfide. Il ordonna l'armement d'une flotte considérable et la réunion d'un nombreux corps de troupes. Tous ces préparatifs remplissaient de joie le cœur du pauvre Raschid qui ne se doutait nullement du piége qu'on lui tendait.

Tout étant prêt pour le départ, ordre fut donné d'arrêter le prince et de le renfermer dans le sérail, — on suppose qu'il fut aussitôt étranglé, car on n'entendit plus parler de lui.

La flotte de Kheir Eddine vint mouiller sur la rade de Bizerte, port situé à dix lieues de Tunis.

Aussitôt il fit répandre par ses émissaires qu'il amenait avec lui le jeune Raschid et que son projet était de le replacer sur le trône qui lui avait si indignement enlevé. Les habitants de Bizerte, charmés de revoir leur roi légitime, accueillirent Barberousse avec satisfaction, lui promirent de le seconder de tous leurs efforts ; et, comme première preuve de leur dévouement, ils chassèrent leur gouverneur qui voulait absolument qu'ils restassent fidèles au monarque régnant.

Cependant les Bizertins désiraient voir Raschid et prièrent Barberousse de le faire descendre à terre. On leur répondit que le prince était malade et ne pouvait encore se rendre à leurs vœux.

Barberousse, convaincu que la réussite d'une entreprise dépend souvent de la rapidité avec laquelle elle est conduite, fit réunir les habitants, les engagea à rester fermes dans leur attachement à la cause de Raschid ; et fit aussitôt diriger la flotte vers le promontoire de Carthage. Il mouilla devant La Goulette, salua le fort en signe d'amitié, démonstration qui fut bien accueillie et à laquelle la garnison répondit par un salut général de ses pièces.

En ce moment la ville de Tunis était pleine de trouble et de confusion. Du haut des murailles les habitants apercevaient la flotte turque; les uns appelaient de tous leurs vœux un changement de gouvernement et se déclaraient ouvertement en faveur de Raschid ; les autres qui devaient leur fortune au tyran, redoutaient sa chute.

Mouley Ahsen qui connaissait très-bien quelles étaient les dispositions de ses sujets à son égard, sortit de la citadelle, se rendit sur la place publique et se montra à la population qu'il y avait fait rassembler. Au lieu d'un

visage dur et sévère, il afficba ce jour-là un air doux et affectueux. Il care[s]
le peuple par d'aimables paroles, et promit de magnifiques récompenses
ceux qui prendraient les armes en sa faveur.

Cependant les ministres en exercice qui voulaient se débarrasser de lu[i]
quel prix que ce fût, feignant un grand intérêt pour sa personne, lui co[n]
seillèrent de céder à la force des circonstances et de fuir au plus vite u[ne]
ville dans laquelle il ne pouvait pas tenir. D'ailleurs, lui dirent-ils, [les]
Turcs avancent rapidement et bientôt il ne sera plus temps de leur écha[p]
per.

La terreur s'empara à tel point de son âme, qu'il ne songea même p[as]
à s'emparer, en se retirant, de l'or, des bijoux et des ornements de
royauté qui lui appartenaient en propre. « Il me racontait, plus tard, ra[p]
» porte Marmol, qu'avant d'abandonner le château, il avait mis dans u[ne]
» bourse deux mille anneaux d'un grand prix, mais qu'il l'avait oubliée e[n]
» partant. »

En ce moment, le gouverneur de la ville rendit à la liberté la femme [et]
les fils de Raschid, que le tyran Mouley Ahsen gardait en prison depu[is]
fort longtemps et auxquels il faisait subir les plus durs traitements. Il dél[i]
vra également tous les esclaves turcs afin de s'en faire mérite auprès d[e]
Kheir Eddine. Un autre officier de la garnison envoya à celui-ci un ma[g]
gnifique cheval richement caparaçonné, pour lui servir à son entrée dan[s]
la ville, ainsi que plusieurs autres d'un moindre prix pour les officier[s]
de son armée.

En même temps qu'il envoyait ces chevaux au chef de l'armée turque[,]
cet officier lui faisait dire qu'on l'attendait avec impatience et que les habi[
tants allaient ouvrir les portes de la ville et se porteraient à sa rencontre[.]

Kheir Eddine s'empressa tout aussitôt de faire débarquer ses troupes
et, montant le magnifique cheval qu'on avait envoyé, il marcha ver[s]
la ville à la tête de cinq mille soldats turcs. La porte vers laquelle il s[e]
dirigeait était ouverte. Il entra dans Tunis et prit la voie qui conduisait a[u]
palais. La joie était peinte sur tous les visages ; mais presque aussitôt ell[e]
fit place à la plus grande tristesse. En effet, les habitants avaient remarqu[é]
que dans leurs cris d'allégresse les Turcs ne proféraient que les seuls nom[s]
de Soliman et de Kheir Eddine ; et que Raschid ne paraissait pas. Ils le[
cherchèrent vainement des yeux et se dirent entre eux que, s'il était malade,
rien ne pouvait l'empêcher de se faire transporter dans une voiture.

Quelques tunisiens qui avaient accompagné ce prince à Constantinople
s'écrièrent alors qu'on chercherait inutilement en tous lieux, puisqu'il était

resté dans les fers dans les prisons du Sérail. Ce bruit se répandit avec la rapidité de l'éclair et souleva une indignation générale. Aussitôt on se rassemble sur la place publique et l'on se donne pour chef un nommé Abd el Rahman qui avait gagné la confiance du peuple par sa vive éloquence. Abd el Rahman conseilla à ses concitoyens de prendre immédiatement les armes et de rétablir Mouley Ahsen aussitôt qu'on aurait enlevé aux Turcs la citadelle dont ils venaient de s'emparer.

Chacun s'empresse de suivre ce conseil patriotique, on s'élance avec furie sur les Turcs. Tous ceux que l'on rencontre sont mis à mort. En même temps on appelle à haute voix Mouley Ahsen. Celui-ci entendait bien ces acclamations parce qu'au lieu de quitter la ville il s'était caché dans un jardin, mais il n'osait sortir de sa retraite dans la crainte d'être victime d'un guet-apens. Sa mère partageait cette opinion et lui conseillait d'attendre les événements.

Le nombre des insurgés était considérable ; mais ils marchaient sans ordre, guidés seulement par la fureur qui les animait contre les envahisseurs. Ils se portèrent vers la citadelle qui se défendit vaillamment ; mais la garnison accablée par le nombre des assaillants, était au moment de cesser le combat, lorsqu'un renégat espagnol nommé Baetio, que les Turcs appelaient Ramdan, releva les courages abattus, fit pointer les pièces avec plus de précision sur les assaillants et en tua un si grand nombre, que les survivants en furent terrifiés. Kheir Eddine comprit le danger de sa situation. Au lieu d'amis sur le concours desquels il comptait, il ne voyait désormais devant lui que des ennemis acharnés à sa perte. Comme il n'avait pas eu le temps d'examiner l'état de la citadelle, il ne savait pas comment la défendre. D'ailleurs il n'avait plus que pour trois jours de vivres. D'un autre côté, Mouley Ahsen ayant la ferme conviction que les Tunisiens étaient exaspérés contre lui n'hésita plus à se montrer et se plaça à leur tête pour tenter d'enlever la citadelle. Pour tout autre que Kheir Eddine les conjonctures étaient pleines de gravité. Mais le génie de ce chef le tira d'embarras. Pour lui il n'était pas douteux qu'une troupe aguerrie et fortement disciplinée ne pût facilement venir à bout d'une multitude insubordonnée. Se réglant sur ce principe, il fit venir ses plus braves officiers au premier rang desquels figurait un nommé Ali, natif de Malaga, qui avait fait les guerres d'Italie et avait embrassé l'islamisme. Après lui venait un certain Haï Dine, de Smyrne, dont les exploits sur mer avaient eu un tel retentissement, qu'on le surnommait le *demi-diable*. Il ordonna à ces deux officiers de se mettre à la tête d'un détachement, de

sortir de la cidadelle et de se porter sur l'ennemi avec leur audace accoutu
mée. Quant à lui, Kheir Eddine, il se chargeait de guider un troisième dé
chement placé sous ses rdres immédiats. A un signal couvenu il fit ouv
les portes de la forteresse et l'on attaqua les Tunisiens de trois côtés à
fois. Excités par l'exemple de leurs chefs, les Turcs firent des merveil
de bravoure. Ils poussèrent les Tunisiens de rue en rue, de place en place,
finirent par les contraindre à se retirer dans leurs maisons. Kheir Eddine
alors sonner la retraite pour donner du repos à ses troupes qui étaient fa
guées d'égorger, accablées par la grande chaleur et en proie à la s
la plus vive.

On assure que 3,000 Tunisiens trouvèrent la mort dans ce combat,
que 9,000 furent blessés plus ou moins grièvement.

Mouley Ahsen voyant tout perdu pour lui, se retira avec quelques cav.
liers. Vivement poursuivi par les Turcs, il fut sur le point d'être pris, ma
il eut le bonheur de leur échapper et il put arriver sain et sauf à Constan
tine, dont le chef lui donna l'hospitalité.

Pendant la nuit qui suivit ce sanglant combat, personne n'osa se livre
au sommeil. Turcs et Tunisiens se tinrent éveillés sous les armes, se fa
sant éclairer par de nombreuses sentinelles.

Comme les Tunisiens avaient fait des pertes énormes et que leur géné
ral était mort et leur roi en fuite, il n'y avait pas lieu de craindre qu'ils n
tentassent un nouvel assaut.

Mais Kheir Eddine craignait que la famine ne se mît dans son armée, e
que les Arabes et les Maures ne se concertassent pour lui ravir les fruits d
sa victoire. De part et d'autre, on resta dans l'inaction. Bientôt un parle
mentaire se présenta. On convint d'une suspension d'armes pendant la
quelle on pourrait peut-être s'entendre. Kheir Eddine proposa d'avoir u
entretien avec les principaux habitants de la ville qui se rendirent avec em
pressement à son invitation. Dans l'assemblée qui fut tenue à cet effet, i
s'attacha à leur démontrer qu'il n'était venu à Tunis que dans la seule in
tention de les délivrer de la tyrannie de Mouley Ahsen, de leur donner un
entière liberté et de les placer sous la protection d'un prince aussi puis
sant que juste. Pour prix de ces avantages, il ne leur demandait qu'une
chose : c'était de prêter serment de fidélité à Soliman, et à lui Kheir Eddi
ne qui le représentait au titre de lieutenant. Il ajouta que, si les Tunisien
se lassaient de son gouvernement, ils seraient libres de rappeler leur ancien
roi ; mais qu'ils eussent à faire attention à cette recommandation : c'es
que ce prince eût grand soin de ne pas causer d'inquiétude à Soliman.

Abd el Kerim qui, par suite de la mort du général des Tunisiens, était devenu le personnage le plus important de la ville, répondit ainsi à Kheir Eddine : « Prince, vous êtes trop équitable pour en vouloir aux Tu-
» nisiens d'être attachés aux descendants de leurs anciens souverains ; vous
» êtes trop juste pour blâmer le désir qu'ils ont eu de voir le trône occupé
» par un prince de cette race, prince dont la douceur et l'esprit de justice
» étaient un grand renom dans ce pays. Ils avaient pensé que vous l'a-
» meniez avec vous et que vous vouliez faire ce cadeau digne à la fois de
» l'élévation de votre caractère et de votre bienveillance. Voyant que
» leurs espérances étaient déçues, ils coururent aux armes ; il n'y a rien
» dans ce fait qui ne soit naturel et pardonnable. Aujourd'hui, ils cèdent
» aux lois du destin et se soumettent d'autant plus volontiers au grand Sei-
» gneur qu'ils ont tout lieu de croire que sa haute situation dans le monde
» doit lui faire un devoir de les protéger. »

Kheir Eddine lui dit qu'il allait faire immédiatement cesser tout acte d'hostilité, si les Tunisiens consentaient à prêter, entre ses mains, serment de fidélité à Soliman. Abd el Kerim promit, au nom du peuple, qu'il en serait fait ainsi ; et la parole donnée fut religieusement tenue.

Kheir Eddine s'occupa, avec ardeur, à rétablir la tranquillité dans le royaume ; il dépêcha des ambassadeurs auprès des petits princes arabes, afin de conclure des alliances avec eux. Il fit également partir un fort détachement de troupes pour soumettre les villes comprises dans son gouvernement. Toutes ouvrirent leurs portes sans faire aucune résistance.

Kheir Eddine montra, dans ces circonstances, que son génie n'était pas seulement propre à la direction des affaires militaires ; il lui acquit la réputation d'habile administrateur.

Devenu possesseur paisible du royaume de Tunis, il fit construire divers édifices, institua des magistrats pour rendre la justice, ordonna des réparations au port, aux anciennes fortifications et y ajouta de nouveaux moyens de défense.

Persuadé que la conquête qu'il venait de faire lui en promettait de non moins importantes, il réunit les plus braves de ses corsaires, se mit à leur tête et résolut de conquérir la Sicile afin d'épouvanter l'Italie et de ravager plus facilement ce beau pays.

Pendant qu'il mûrissait ces différents projets, une tempête terrible se formait contre lui. Le pape Paul III avait représenté à Charles-Quint qu'il était vraiment indigne d'un aussi grand prince que lui de poursuivre avec autant d'acharnement le roi de France, alors qu'il laissait un barbare rava-

ger impunément toute la chretienté. Il lui offrait, sur les richesses
clergé d'Espagne, un prélèvement suffisant pour le mettre en mesure d
taquer Kheir Eddine avec des forces capables d'anéantir sa puissance.

Charles-Quint se rendit aux représentations de Paul III et ordonn
l'amiral André Doria d'acheter et de faire construire de nombreux na
res. Les ordres de l'Empereur furent promptement exécutés. Une flotte
plusieurs centaines de navires et de trente galères fut réunie dans les po
de la Péninsule et pourvue de tout ce qui était nécessaire à une aussi i
portante expédition. L'armée fut composée de jeunes Espagnols et Italie
qui brûlaient de se distinguer en allant combattre les infidèles.

Afin d'encourager Doria, le Pape lui fit présent d'un sabre magnifiq
qu'il eut soin de bénir solennellement avant de le lui faire parvenir. Il
envoya également un chapeau de soie couvert de perles fines.

Pendant que cet amiral préparait la flotte, l'Empereur prenait les disp
sitions les plus convenables pour mettre l'Italie à l'abri des entreprises d
Français. Il renforça les garnisons et leur donna de vigoureux officiers po
les commander.

La flotte se trouva composée de sept cents bâtiments de toutes form
et de toutes grandeurs. Le rendez-vous général eut lieu à Barcelone.

Le 13 juin 1535, ont mit à la voile en se dirigeant vers les Baléar
d'abord, puis vers Porto-Farine et le promontoire de Carthage. Il res
tait encore à cette époque des ruines assez importantes de la rivale
Rome.

Les indigènes placés sur les hauteurs qui bordent la mer, coururen
avertir Kheir Eddine qu'ils venaient de découvrir une flotte ennemie q
couvrait la mer jusqu'à l'horizon. A cette nouvelle Kheir Eddine fut saisi d
frayeur ; mais ses craintes augmentèrent encore lorsqu'il apprit que l'Em
pereur Charles-Quint, en personne, le plus puissant prince de la chrétienté
montait la flotte avec la plus grande partie des forces de son empire.
apprit aussi que le célèbre Doria avait la direction de la partie maritime e
que l'intention de l'Empereur était non seulement de s'emparer de Tunis
mais aussi de toutes les villes du royaume.

Sur le champ il rassembla tous ses officiers et chercha à les rassurer pa
des considérations tirées des difficultés que l'ennemi aurait à surmonte
pour se nourrir au milieu de populations partout hostiles. Ses paroles pro
duisirent l'effet qu'il en attendait ; chacun jura de suivre ponctuellemen
ses ordres et de lui prouver qu'ils étaient dignes de sa confiance.

Un renégat israélite, le nommé Sinas, lieutenant de Kheir Eddine, déclara vouloir se charger de défendre La Goulette. Il en reçut aussitôt le commandement.

Pendant que Kheir Eddine excitait ainsi son monde, Charles-Quint faisait débarquer ses soldats. Les troupes légères descendirent les premières afin d'éloigner les tirailleurs ennemis ; puis, vinrent les vieilles bandes espagnoles et italiennes bientôt suivies par les Allemands.

L'Empereur, appelant à lui un détachement qui se trouvait à sa portée, fit, en dépit des remontrances de ses officiers, une reconnaissance dans les environs. Il perdit plusieurs hommes qui, s'étant imprudemment écartés, furent tués par les cavaliers arabes.

Charles ayant rejoint son armée, fit établir son camp et ordonna d'ouvrir la tranchée devant La Goulette. Tout le monde se mit à l'œuvre avec un entrain extraordinaire ; mais les travailleurs étaient incessamment tourmentés par les arabes qui voltigeaient autour d'eux et finissaient toujours, par en tuer un certain nombre. Fatigué de ces insultes, un général italien, du nom de Sarnensi, voulut en tirer satisfaction. Il prit une poignée de soldats, marcha contre les assaillants ; mais comme il s'était beaucoup trop éloigné du camp, il fut enveloppé, fait prisonnier avec son monde et taillé en pièces.

Le lendemain du débarquement, les Maures se portèrent, au lever de l'aurore, sur les retranchements du camp impérial et surprirent un assez grand nombre d'officiers et de soldats qu'ils massacrèrent. L'Empereur vivement affecté de ces pertes partielles, fit réunir les troupes et leur dit, qu'elles avaient devant elles des hommes qui ne méritaient même pas le nom de soldats ; qu'il était humiliant de fuir devant eux ; qu'il espérait bien qu'elles prendraient une éclatante revanche en les poursuivant jusqu'à La Goulette, afin qu'il ne restât pas un seul de ces barbares qui puisse se vanter d'avoir vu fuir les soldats chrétiens.

Sur les midi, Giaffar, un des généraux turcs, persuadé que l'armée impériale se trouvait, à raison de l'excessive chaleur, hors d'état de résister à une attaque, se mit à la tête d'une troupe de janissaires, fondit à l'improviste sur le camp des chrétiens, escalada les bastions et fit pleuvoir sur eux une grêle de pierres. Tout le monde fut aussitôt sur pied. Espagnols et Italiens attaquèrent les Turcs avec la plus grande furie ; la mêlée devint générale, et, dans la lutte, Giaffar paya de sa vie la témérité de cette surprise. Les Turcs prirent la fuite et furent poursuivis jusqu'aux portes de La Goulette où l'on en fit un horrible massacre. Sinas qui était chargé de la défense de ce poste important, reconnut que les Espagnols étaient plus

braves que les Turcs, et que, dès lors, il y avait lieu de craindre qu'ils
tentassent un assaut auquel on ne pourrait résister. En conséquence, il
élever de nouvelles fortifications pour renforcer les défenses de la citadel

De son côté, l'Empereur comprenait le danger de faire traîner le sié
en longueur ; la chaleur accablait ses troupes pendant la journée et la ros
engourdissait leurs membres durant la nuit. L'eau dont on pouvait dispos
était saumâtre et nuisait à la santé des soldats.

1535. — Le 14 juillet, la flotte reçut ordre de faire feu de ses pl
grosses pièces sur les fortifications de la Goulette. Pendant cette attaqu
qui serait dirigée par André Doria, l'Empereur se chargerait en person
du commandement des troupes qui tenteraient l'assaut du côté de la terr
En conséquence de ces dispositions, le 15, à la pointe du jour, l'artiller
de terre et de mer ouvrit un double feu sur la ville ennemie. L'effet en f
si terrible que vers midi une partie des remparts était écroulée, forma
ainsi une brèche considérable et très praticable par les colonnes d'assau
Avant de placer les échelles, un ministre de la religion parcourut les ran
des soldats et les exhorta à combattre pour la religion du Christ. Tous l
efforts que firent les Turcs pour repousser les troupes chrétiennes furer
inutiles. Sinas, voyant qu'il essayerait en vain de tenir quelques heures s
sauva vers Tunis. Une partie de la garnison fut précipitée dans le lac qu
fut bientôt couvert de cadavres.

Charles-Quint, pour achever sa victoire et la rendre plus complète en
core, donna l'ordre de s'emparer des bâtiments turcs qui se trouvaien
dans le port, opération qui fut exécutée sur le champ et qui acheva de ré
pandre la consternation dans la ville.

Les historiens contemporains de Charles-Quint prétendent que Khei
Eddine avait conçu le projet d'attaquer la flotte impériale en pleine me
avant qu'elle ait eu le temps de mouiller dans le golfe. Il est évident qu
ce plan aurait pu avoir quelques chances de réussir, si Kheir Eddine avai
pu disposer d'un plus grand nombre de bâtiments, car les corsaires qu
naviguaient sous ses ordres étaient meilleurs marins que ceux dont dispo
sait André Doria.

Au rapport de Paul Joves, cet amiral lui aurait dit que si Kheir Eddin
n'avait pas été surpris ainsi qu'il le fut par la promptitude de l'invasion, i
aurait opposé une tout autre résistance, car il était aussi habile général de
terre que hardi capitaine sur l'autre élément.

Lorsque Sinas se présenta devant Kheir Eddine, celui-ci lui témoigna

en termes excessivement durs, l'indignation que lui causait sa conduite. Sinas lui répondit ainsi : « Toutes les fois que nous avons eu à combattre
» des hommes, nous les avons combattus avec gloire ; mais nous avons eu
» à lutter contre des démons qui vomissaient sur nous tous les feux de
» l'enfer. Nous pouvons donc dire, sans craindre d'être taxés de faiblesse,
» que nous sommes fiers d'avoir pu nous soustraire à un pareil danger.
» Toi-même, pour si brave que tu puisses être, tu te serais félicité d'y
» avoir échappé. »

Kheir Eddine comprit qu'il serait imprudent de se montrer sévère. Il changea de langage et pria Sinas, ainsi que ses autres officiers, de se concerter pour concourir à la défense générale. Il ajouta qu'il attendait des secours considérables que lui fournissaient les Arabes et les Maures, et qu'avec l'aide de Dieu, il aurait raison des chrétiens. Il répandit l'or à profusion parmi les assistants.

Mouley Ahsen ayant appris que Charles-Quint s'était emparé de la Goulette et qu'il était au moment de se rendre maître de Tunis, quitta la retraite qu'il était allé chercher en Mauritanie pour venir rendre hommage au vainqueur. A cette nouvelle, l'empereur fit disposer un trône au milieu de son camp, et s'entoura d'un appareil militaire imposant, pour donner un grand éclat à la réception qui allait avoir lieu.

Mouley Ahsen se prosterna devant le grand monarque, lui baisa la main, et s'assit sur un tapis à la manière orientale.

« Grand prince ! lui dit le musulman, ce n'est point à ma prière que
» vous êtes venu sur ces rivages ; la différence qui existe entre nos deux
» religions ne me permettait pas d'implorer votre secours. Il n'est donc
» pas douteux que ce ne soit par une inspiration de l'Éternel, que nous
» adorons tous deux à notre manière, que vous vous êtes décidé à venir
» combattre un perfide, un ennemi du genre humain. Vous avez déjà conquis La Goulette ; vous avez capturé sa flotte ; vous allez achever votre
» œuvre en le chassant du royaume de Tunis. La noblesse de vos senti-
» ments me fait espérer que vous voudrez bien me rétablir sur le trône
» de mes pères. Je me soumets d'avance au paiement d'un tribut annuel,
» et je me déclare, avec bonheur, le vassal d'un empereur chrétien. »

— « C'est sous la protection de Jésus-Christ, répondit l'Empereur, que
» j'ai entrepris de punir Kheir Eddine de tous ses méfaits à l'égard des
» chrétiens. J'espère me rendre maître, sous peu, de la ville de Tunis. Alors
» je ferai pour vous tout ce qui sera compatible avec mes intérêts et mon
» honneur. Mais souvenez-vous toujours qu'il y aura nécessité pour vous

» de garder la foi jurée ; car si vous y manquiez un instant, je tourner
» toutes mes forces contre vous. »

L'empereur ordonna de dresser une tente splendide pour Mouley A
sen, et de lui fournir tout ce dont il pourrait avoir besoin. Les principa
officiers de l'armée impériale vinrent lui rendre visite. Ils remarquèr
qu'il avait beaucoup d'esprit et des connaissances fort étendues surtout
astronomie. Un jour, il témoigna le désir de voir les troupes impérial
Pour le satisfaire sur ce point, on rangea l'armée en ordre de bataille, e
en parcourut les rangs. Il admira les armes, les manœuvres, la tenue, et
mais, ce qui le frappa le plus, ce furent les pièces d'artillerie. Le cali
énorme des boulets le surprit aussi beaucoup.

Il adressa à l'empereur un mémoire dans lequel il lui fit connaître la
tuation de Tunis, la nature des défenses de la citadelle, la force des m
railles, la manière la plus avantageuse de combattre les Maures et les Ar
bes.

Pendant que tout ceci se passait dans le camp des chrétiens, Kheir Ed
ne employait activement tout son temps à préparer ses moyens de défen
Il fit garnir d'artillerie un petit bois d'oliviers qui se trouvait à côté de
ville et donna l'ordre d'en diriger le feu sur l'armée chrétienne. Il recor
manda aux Arabes de combattre à leur manière ordinaire, c'est-à-di
d'attaquer à l'improviste et de fuir aussitôt après.

Comme les Espagnols et les Italiens n'étaient pas habitués à ce gen
d'escarmouches, ils perdirent, dans les premiers jours, un assez gra
nombre de soldats ; mais l'Empereur paralysa le danger de ces attaques
plaçant sur les ailes des corps engagés, toute sa grosse cavalerie.

Kheir Eddine ayant remarqué que l'ardeur de ses troupes se refroidi
sait quelque peu, crut pouvoir la ranimer en les envoyant vers Carthag
pour s'emparer d'une tour qui s'élevait au milieu des ruines de cette célèb
cité. Il se proposait de la garnir d'artillerie et de foudroyer, de ce poi
élevé l'armée chrétienne. L'Empereur avait eu soin de mettre garnis
dans cette tour ; mais elle aurait été immanquablement accablée par
nombre, s'il ne s'était immédiatement porté à son secours. Les Turs fure
repoussés.

Les maladies et le feu de l'ennemi ayant causé et causant journelleme
des pertes sensibles à l'armée, les officiers conseillèrent à l'Empereur
retourner en Espagne.

Selon eux, la prise de La Goulette suffisait à sa gloire, et il n'y avait pl
que péril à prolonger son séjour dans un pays couvert d'ennemis. Charle

Quint leur répondit, qu'eux et lui se couvriraient d'une honte éternelle, en abandonnant une entreprise qu'il était au moment de couronner par la plus éclatante victoire. Il ajouta que la gloire lui était plus chère que la vie même, et que, le lendemain, il allait commencer le siége de Tunis. En approchant de la ville, les soldats quittèrent leurs rangs pour aller se désaltérer avec l'eau des puits qui se trouvent à quelque distance de ses murailles. Les officiers s'efforcèrent vainement de les rallier. L'Empereur pensa que sa présence suffirait pour les ramener à leur devoir : mais ce fut sans succès qu'il fit entendre sa voix. Alors, furieux, il s'arma de son épée et en frappa tous ceux qui s'écartaient des rangs malgré ses ordres. Le désordre aurait continué s'il n'eût eu la pensée d'envoyer des détachements munis de cruches remplies d'eau que l'on distribua ensuite aux troupes. Cependant, la présence de l'ennemi rallia tout le monde. Kheir Eddine s'avança avec une armée formidable, à environ une lieue de la ville. Il se fit précéder par une multitude de voitures de guerre avec lesquelles il comptait rompre les rangs de l'armée chrétienne. De temps en temps les chars s'écartaient pour rendre libre le feu de l'artillerie. Sans s'inquiéter de ces obstacles, l'Empereur ordonna de se porter, vivement, sur l'ennemi. L'engagement fut terrible et le carnage affreux. Kheir Eddine voulut opérer sa retraite pour se renfermer de nouveau dans la ville où il comptait tenir jusqu'à ce que les grandes chaleurs puissent obliger les chrétiens à se rembarquer. Son espoir fut déçu : Maures et Arabes l'abandonnèrent, et l'armée impériale s'empara du camp qu'il venait de quitter. Alors, saisi de fureur, il ordonna de brûler tous les prisonniers qui se trouvaient en son pouvoir. Mais, grâce à Sinas, cet ordre barbare ne fut pas exécuté. Celui-ci lui représenta que ce serait une action tout à fait indigne d'un brave guerrier, et qui le rendrait odieux au genre humain.

Les prisons de la ville renfermaient, à ce moment, soixante mille esclaves ; ils étaient tous enchaînés. Le commandeur de Malte, Simeoni, était au nombre de ces malheureux. Ayant réussi à se procurer des marteaux et des limes, il brisa ses fers et ceux de ses compagnons d'infortune. Libres de leurs mouvements, ils se dirigèrent vers la salle d'armes, en enfoncèrent les portes et fondirent sur leurs gardiens dont ils tuèrent un grand nombre. Ils montèrent ensuite à la citadelle, s'en emparèrent et envoyèrent demander des secours à l'Empereur. Kheir Eddine essaya vainement d'arrêter le mouvement. Voyant que l'armée impériale ne tarderait pas à pénétrer dans la ville, il se prépara à fuir avec le peu de Turcs qu'il pourrait réunir et rattacher à sa cause. Son intention était de se rendre à Bône. Il partit,

en effet, en s'écriant : *Tout est perdu ; ces chiens de chrétiens sont ma*
tres de la citadelle et de tous nos trésors.

Ce fut Siméoni qui avisa l'Empereur de la fuite de Kheir Eddin
Charles-Quint se trouva dès lors, maître de la ville, sans avoir eu à con
battre. Il félicita publiquement Siméoni, d'avoir pris la courageuse résol
tion de briser ses chaînes et celles de ses compagnons. « *Vous-avez ain*
» lui dit-il, *facilité ma conquête et accru la renommée déjà si grande*
» *votre ordre.* »

Lorsque Charles-Quint arriva près des portes de la ville, les habitan
lui envoyèrent les clés et le firent supplier de ne point livrer la ville
pillage. L'Empereur à son entrée dans Tunis ne put empêcher ses solda
de se livrer à tous les excès que les armées commettent en pareil cas. O
pénétra dans toutes les maisons et l'on y enleva tout ce qu'elles pouvaie
renfermer en objets de prix. Les femmes ne furent pas épargnées : on l
conduisit à bord des vaisseaux, comme autant de captives. Parmi celle
que l'on emmenait ainsi, Mouley Ahsen en reconnut une qu'il avait ten
drement aimée, lorsqu'elle faisait partie de son sérail. Il donna deux pièce
d'or au soldat qui la conduisait, et elle demeura en sa possession.

Charles-Quint fit ensuite rassembler tous les esclaves au concours des
quels il était redevable de la prise de la ville, pour les féliciter sur leur cou
rageuse et noble conduite. Il prescrivit de leur fournir tout ce dont ils pour
raient avoir besoin et fit remettre à chacun d'eux une somme impor
tante.

Le pillage de la ville entraîna la destruction d'une infinité de chose
précieuses et d'établissements intéressants ; c'est ainsi que la bibliothèqu
fut entièrement saccagée. Elle se trouvait dans l'intérieur de la citadelle
Mouley Ahsen déplora vivement la perte de ce riche dépôt.

A la prière de Mouley Ahsen, l'Empereur fit cesser le pillage ; il est vra
qu'il ne restait plus rien qui pût tenter la cupidité du soldat. Ce prince
avant d'avoir été expulsé du trône, s'était déjà rendu odieux à ses sujets
il le devint encore plus à leurs yeux, pour le fait d'avoir appelé les chrétien
en Afrique. Une fille mauresque, nommée Aïcha, qui était échue en partag
à un officier, lui en fit les plus sanglants reproches. Elle suivait son maîtr
en pleurant, les yeux fixés vers la terre, lorsque Mouley Ahsen la remarqua
en passant. Sa beauté était grande. Emu d'un tel spectacle, Mouley Ahsen
voulut la délivrer et proposa à l'officier espagnol de déterminer lui-même le
prix de sa rançon. « Retirez-vous, perfide, lui dit l'altière jeune femme
» vous vous étiez rendu indigne du trône, et vous l'êtes devenu davantage

» en livrant, par une coupable lâcheté, à la merci des Espagnols une nation
» malheureuse ; retirez-vous, vous dis-je ; je ne veux pas qu'un tyran
» devienne mon libérateur ! »

Charles-Quint estima qu'il était de son honneur de rétablir Mouley Ahsen sur le trône de ses ancêtres. En conséquence, il fit de nouveau prêter serment à tous les habitants de Tunis ; il leur imposa un tribut annuel de douze faucons et de six chevaux arabes, et il garda le fort de La Goulette, dont la garnison, composée de mille hommes, dut être entretenue aux frais des Maures. Il exigea pour garantie de l'exécution du traité de paix, qu'un des fils du roi et quelques habitants de Tunis lui fussent remis en otages.

1537. — Mouley-Ahsen ne conserva pas longtemps le trône qu'il devait à Charles-Quint ; car, à peine les Espagnols furent-ils rembarqués, que ses sujets se révoltèrent. Kheir Eddine, à la tête de quelques forces, reparut dans la Tunisie et rentra en possession de plusieurs villes de ce royaume. Mouley-Ahsen réussit à en replacer quelques-unes sous son obéissance ; mais jugeant qu'il lui serait impossible de réduire Sousse et craignant qu'elle ne tombât au pouvoir des Turcs, il réclama les secours de l'ordre de Malte qui fit part de cette circonstance à Charles-Quint. Afin d'éviter des lenteurs, Mouley Ahsen résolut d'aller de sa personne en Espagne pour solliciter l'assistance dont il avait besoin.

Il laissa son fils Hamida à Tunis pour gouverner le pays durant son absence. Ce prince, conseillé par un sujet perfide, mais qui avait de justes motifs de ressentiment contre Mouley Ahsen, à raison de la mort de son père, ce prince, disons-nous, entreprit d'usurper le trône. Il fit d'abord répandre le bruit que Mouley Ahsen était tombé très gravement malade en Italie et que, pendant cette maladie, il avait voulu recevoir le baptême. Que s'étant rétabli, et s'étant embarqué pour Tunis, il avait été pris par les Turcs et conduit à Constantinople où il allait payer le prix de son apostasie. Ces bruits furent accueillis avec une confiance aveugle, et Hamida n'hésita plus un seul instant à se rendre à Tunis pour se faire reconnaître. Le gouverneur de la ville qui était fidèle à Mouley Ahsen l'en fit expulser et ne lui cacha pas qu'il rendrait compte à son père des manœuvres qu'il avait employées pour lui succéder. Hamida ne se déconcerta nullement ; il fit répandre de nouvelles lettres fabriquées à dessein, dans lesquelles on annonçait la mort de Mouley Ahsen, et l'arrivée prochaine de son fils Mohamed qu'il avait laissé en otage en Espagne et qui, selon la rumeur accréditée à Tunis, s'y était fait baptiser.

La crainte d'être gouverné par un prince chrétien détermina la popu
tion à se soulever. Mouley Ahsen fut promptement instruit de ces évé
ments, et il estima que sa présence devenait nécessaire pour apaiser c
sédition. Mais comme il n'osait pas revenir seul, et qu'il convenait d
imposer aux rebelles, il sollicita et obtint la permission d'enrôler une tr
pe de bandits qui désolaient les environs de Naples, et qui ne demandè
pas mieux que de le suivre en Afrique, dans l'espoir de s'y enrichir à
dépens.

La nouvelle de son arrivée déconcerta Hamida. Les principaux persc
nages de son entourage vinrent le trouver et lui déclarèrent qu'ils ne s'
meraient pas contre son père s'il était prouvé qu'il ne se fût pas fait ch
tien.

Hamida envoya des émissaires en reconnaissance. Ils aperçurent les I
liens qui accompagnaient le roi. Les agents revinrent à Tunis et déclarèr
qu'il devait être chrétien puisqu'il n'avait avec lui que des chétiens.
fondit donc sur sa troupe que l'on combattit avec acharnement. Le roi
fait prisonnier. Traîné en prison, c'est en vain qu'il demanda à son fils
lui accorder un entretien. Celui-ci lui envoya le bourreau avec mission
lui donner à choisir entre ces deux supplices : ou la perte de la vue ou ce
de la vie. Le malheureux roi opta pour la cécité. En conséquence, on
creva les yeux avec un fer rouge, et il fut libre alors de sortir de sa priso
Il alla se réfugier en Espagne, où Charles-Quint lui prodigua toutes l
consolations dont il était digne.

1550. — Tandis que le royaume de Tunis était livré à cette anarchi
durant laquelle Hamida perdit et recouvra son trône, il se formait un hor
me qui devait répandre la terreur du nom turc dans toute l'Afrique et s
les mers qui en baignent les côtes.

Dragut, issu de parents pauvres originaires de l'Anatolie, ne dut qu'à
cruauté et à son amour des aventures la fortune et la célébrité qu'il acqu
plus tard.

Il avait débuté dans la marine comme simple mousse ; était devenu exce
lent matelot puis canonnier d'une adresse extrême. Possesseur de quelq
bien, il était parvenu à avoir une part d'intérêt dans l'armement d'un co
saire qui faisait d'heureuses croisières. Les bénéfices qu'il en retira l
permirent d'acheter une galiote avec laquelle il opéra pour son prop
compte. Son courage et son expérience le firent connaître de Kleir Eddir
qui se l'attacha en qualité de lieutenant. Son élévation à ce grade lui fourn

l'occasion de se distinguer. Cependant, durant une de ses croisières, il fut fait prisonnier par les Génois. Le jeune Dou'a qui commandait l'escadre qui venait de faire cette capture importante, prescrivit d'envoyer tous les prisonniers à bord de sa galère capitane. Dragut en remarquant l'extrême jeunesse de l'amiral, ne put s'empêcher de s'écrier : *Est-il possible qu'un jeune homme imberbe ait pu de la sorte me couvrir de chaînes* ! Il tint à bord d'autres propos si piquants qu'on se décida à l'y traiter avec une extrême rigueur. Le grand seigneur ainsi que le capitan pacha sollicitèrent plusieurs fois sa mise en liberté ; elle fut constamment refusée. C'est alors que l'amiral Othman, qui aimait beaucoup Dragut, entreprit de le délivrer. Il vint avec cent galères dans la rivière de Gênes, et jeta la désolation sur les côtes. La ville épouvantée, fut la première à demander qu'on mît Dragut en liberté. Il sortit de prison après quatre années de captivité. La nécessité de s'assurer d'un port dans lequel il pût à l'avenir mettre ses prises en sûreté, le conduisit en Afrique. Comme le royaume de Tunis ne dépendait pas du Grand-Seigneur, il s'empara de Sousse et de Mouastier. Ces places n'étaient pas fortifiées. Il jeta aussi les yeux sur Mehédia et s'en rendit maître. Toutefois il ne la conserva pas longtemps : après un siége long et meurtrier, les Espagnols y entrèrent et s'y maintinrent. L'infortuné Mouley Ahsen avait suivi les Espagnols dans cette expédition, les conjurant de le venger de l'atroce ingratitude de son fils. Il mourut sans avoir eu la satisfaction d'obtenir cette vengeance si justement désirée, et le perfide Hamida continua de jouir en paix de son usurpation.

1553. — La conservation d'une place comme Méhédia était une lourde charge pour Charles-Quint. Il proposa aux Chevaliers de Malte de se charger de la garder moyennant 24,000 ducats par an. L'ordre de Malte ne put accepter cette offre, dans la crainte de mécontenter la France et la Porte ottomane. Alors l'Empereur se décida à en ordonner la démolition pour qu'elle ne pût servir de refuge à ses ennemis. Cette ville avait 5,300 pas de circuit. De trente pas en trente pas, s'élevait une tour crénelée. Il y avait donc en tout cent soixante tours ou bastions. Vingt-quatre d'entre elles furent minées et reliées aux autres par des boyaux souterrains. On les fit sauter toutes à la fois. L'opération réussit parfaitement.

1569. — Hamida avait appris avec plaisir la démolition de cette ville parce qu'il n'était pas sans craindre les sorties de sa garnison. Dès qu'il se vit débarrassé de la présence des étrangers, il ne garda plus de frein et se li-

vra, comme dans les premiers temps de son règne, aux excès les plus condamnables. Les choses en arrivèrent à ce point que ses sujets invoquèrent l'intervention des Algériens pour les délivrer du joug de ce tyran. Abandonné des siens, Hamida dut prendre la fuite en emmenant avec lui deux de ses femmes, deux enfants et une partie de ses trésors. Ces richesses lui furent reprises par un parti ennemi qui se borna à l'en dépouiller sans l'inquiéter autrement. Avant de le laisser partir, le chef de ce parti lui adressa ces paroles : « Tu serais trop heureux si nous t'arrachions la vie ; survis à
» ton infortune; va pleurer dans la honte et dans la misère la perte de ta
» grandeur ; souviens-toi que tu n'es redevable de cette catastrophe qu'à
» l'abus que tu as fait de ta puissance. Va maintenant implorer la pitié
» publique pour pouvoir subvenir à tes besoins ; et si tu n'en obtiens pas
» de secours, réfléchis que tu n'as jamais eu de sentiments d'humanité pour
» tes semblables. »

Avec Hamida se clôt la série des rois de Tunis. Ils avaient occupé le trône pendant 370 ans.

1570. — Aluk Ali, gouverneur d'Alger, s'empare de Tunis au nom du Grand Seigneur, mais quelque temps après, Don Juan d'Autriche en expulse les Turcs, et lui donne, pour le gouverner, Gabriel Villon. Il confie La Goulette à Pierre Carrera.

1574. — Les Algériens reprennent Tunis, mais n'y restent que pendant quatre ans.

1578. — Le célèbre Sinan, pacha du Levant, vient en faire la conquête au nom de Selim II. Sa flotte était commandée par Ali el Fortass, nommé aussi Occhiali. Ces sauvages conquérants mirent à mort les habitants des localités dont ils s'emparèrent. C'était là, selon eux, le seul moyen de pouvoir conserver celles-ci. Tels étaient les principes de ce trop fameux pacha. Pour être conséquent avec lui-même, il fit massacrer tous les chrétiens qui étaient établis dans la Tunisie. Quatorze d'entre eux seulement échappèrent et furent envoyés enchaînés à Constantinople.

Sinan conserva la forme du gouvernement qui était installé à Alger : un pacha nommé par la Porte ottomane ayant une autorité absolue.

1595. — Les révolutions dont Alger fut le théâtre eurent leur contre-coup à Tunis. La faiblesse et la cupidité du pacha déterminèrent la milice à choisir elle-même ses chefs. Le premier Dey qu'elle élut fut un nommé Osman. Nous ferons remarquer ici que parmi ses successeurs qui administrèrent le pays, tant sous le titre de Dey que sous celui de Bey, on n'en compte que cinq sur vingt-quatre qui n'aient pas été expulsés ou étranglés. Le gouvernement changea de forme, mais n'en devint pas meilleur pour cela. Le pacha, auquel les chefs de cette milice voulaient enlever le pouvoir, le conservait malgré tous leurs efforts, grâce à l'appui qu'il trouvait dans un corps de 3,000 janissaires qui ne recevaient d'ordre que de lui seul. Le bey, chargé de la perception des impôts, avait besoin d'une armée pour cette opération, et il la possédait en réalité. Quant au dey, son rôle eut été entièrement passif s'il n'eût eu également sa petite force armée pour faire contrepoids aux deux autres fonctionnaires. Ces trois chefs suprêmes, sans cesse en opposition l'un avec l'autre, ne pouvaient pas fournir une longue carrière. Une révolution éclata et, avant la fin de ce siècle-là, les beys avaient enlevé toute l'autorité précédemment dévolue aux deys.

1615. — Les M'rad qui s'élevèrent au beylick à cette époque et qui le perpétuèrent dans leur famille jusqu'au commencement du 18e siècle, étaient d'une origine extrêmement obscure.

Le premier qui porta ce nom était né à Elvi, dans les montagnes de l'île de Corse. À l'âge de neuf ans, cet enfant qui s'appelait Senti, fut pris par des corsaires et conduit à Tunis avec quelques autres jeunes gens qui, comme lui, se trouvaient dans le dénûment le plus absolu. Il fut vendu au Bey Sliman qui, remarquant en lui les signes d'une précoce intelligence, résolut de le faire élever avec soin. Il s'attacha à lui, le maria à sa propre fille, le nomma son lieutenant, le désigna comme son successeur au trône et lui abandonna, même de son vivant, l'exercice d'une partie de l'autorité. Son mérite lui avait valu ces honneurs, son mérite lui permit de les conserver. Il eut l'art de se concilier tous les suffrages et de gagner l'amitié des deys et des pachas.

1642. — M'rad mourut dans le courant de cette année et, circonstance rare à Tunis dans ces temps éloignés, il eut le bonheur de mourir dans son lit.

Son fils Hamouda, à peine âgé de 16 ans, lui succéda. Il suivit les traditions établies par son père, rendit de grands services à son pays, et fut élevé à la dignité de Pacha par la Porte ottomane, pour le récompenser de

ses mérites et de sa bonne administration. Il partagea le Beylick en d
grands gouvernements qu'il donna à ses fils.

1652. — L'amiral anglais Robert Blacke, après avoir défait une flo
espagnole dans les environs de Sainte-Croix, ainsi qu'une flotte holland
aux ordres de Troup, de Ruytes et de Dewitt, vint mouiller devant Tunis
1653. Il bombarda La Goulette, incendia les bâtiments tunisiens ; et ay
effectué un débarquement de troupes, il tailla en pièces près de 50,000
nisiens De Tunis il se rendit à Alger.

1668. — Les deux fils de Hamouda, M'rad et Mohamed Laffis, eur
un règne excessivement agité. Depuis quarante ans environ, les beys ex
çaient une influence considérable sur l'élection des deys. Hamouda Pa
n'avait jamais abusé de cette influence ; et, tant qu'il vécut, ses fils imitèr
la réserve de leur père. Mais lui mort, ils ne mirent aucun frein à leur a
bition. Ils commencèrent par déposer le dey Karaguez et mirent à sa pl
une de leurs créatures. Celui-ci devenu impotent à la suite d'une attac
d'apoplexie, fut massacré dans une émeute suscitée par un nommé Chab
Hugia.

Les deux frères virent dans cette usurpation une atteinte à leurs droi
Quant au nouveau dey, il résolut de défendre la situation qu'il s'était fa
et d'asseoir solidement son autorité sur els ruines de la puissance des be
Ses efforts furent inutiles et n'aboutirent qu'à faire éclater une nouvelle
volution dont il fut la victime.

Les troubles qu'il avait soulevés, ne furent pas apaisés par sa mo
Tunis déchirée à l'intérieur et inquiétée au dehors, fut obligée de reco
naître ses beys.

1675. — La mort de M'rad fut le signal de nouveaux désordres.
laissait trois enfants : Mohammed, Ali et Ramdan, qui tous trois aspiraie
à l'avantage de lui succéder.

Le Divan, dans l'espoir de mettre fin aux troubles, confirma leur onc
Laffis dans la dignité dont il avait été revêtu. Il estimait que, par son âge
son caractère, il parviendrait à en imposer à ses neveux et les forcerait
vivre tranquilles. Le Divan se trompait : Mohammed contraignit son onc
à lui céder son poste. Ali jaloux de la subite élévation de son frère, prit l
armes pour le renverser. Quant à Ramdan qui n'aspirait qu'à une existen
paisible, il alla voir ses deux frères et leur déclara qu'il n'avait aucune an

bition ; mais qu'il désirait seulement, que chacun d'eux lui donnât une part convenable des trésors qu'ils possédaient. Heureux de se débarrasser à ce prix d'un concurrent redoutable, il firent droit à sa demande sans aucune difficulté. Les deux frères purent alors tourner leurs armes l'un contre l'autre, tandis que Laffis se rendait à Constantinople, pour implorer la protection du Grand Vizir Koproglou. La négociation fut longue, parce que ce Vizir fut remplacé par Kara Mustapha, homme dur et avare, que Laffis dut gagner à sa cause à force de bassesses et d'argent. Pendant ce temps, Mohammed et Ali se battaient avec acharnement.

1679. — Dans les premiers mois de cette guerre fratricide, l'avantage s'était déclaré pour Mohammed, mais Ali le reprit, grâce à l'assistance des Arabes et le perdit une seconde fois, par suite de la trahison des Turcs de son armée qui, gagnés par l'or de Mohammed, abandonnèrent Ali un jour de bataille pour tourner leurs armes contre lui. Ali se vengea plus tard de cette indigne trahison. Cette guerre ne fut qu'une alternative perpétuelle de revers et de succès pour chacun des deux rivaux. A la fin Ali prit le dessus ; et l'arrivée de son oncle Laffis, qui venait d'obtenir, au prix de 600,000 écus la double dignité de Dey et de Pacha, ne fit que consolider son pouvoir. Il s'arrangea avec lui, et le contraignit à se contenter de la dignité de Pacha. Mohammed trop faible pour oser rien entreprendre, prit le parti fort extraordinaire de se retirer à Cairouan, pour y vivre de la vie religieuse.

1681. — Mohammed avait laissé en otage à son frère, son fils unique. Ali jugea à propos de le faire mettre à mort, dans la crainte que ce jeune homme ne fût un jour tenté de faire valoir les droits auxquels son père avait renoncé. Mohammed fut promptement instruit de ce lâche assassinat, et il résolut d'en punir le coupable auteur. Quittant aussitôt sa retraite, il rassembla une troupe de mécontents et marcha sur Tunis. Il eut soin de dire aux habitants qui lui en avait fermé les portes, qu'il ne venait que pour punir les assassins de son fils. On lui répondit qu'ils avaient pris la fuite, et on lui indiqua la direction qu'ils avaient prise en fuyant. Mohammed suivit leurs traces, les découvrit à la fin et les immola à la mémoire de son fils.

1686. — Mohammed et Ali avaient imploré et obtenu l'assistance des Algériens, pour se rendre maîtres de Tunis. Mais bientôt ces dangereux auxiliaires se rendirent redoutables aux habitants. On vit un jour des soldats de cette milice poursuivre jusqu'au palais, deux malheureux maures

qui cherchaient à s'y réfugier. Du haut de sa terasse, Mohammed assis[a]
cette scène affligeante, sans oser faire opposer la moindre résistance [à]
insolents algériens. Loin de là, il ordonna de leur livrer leurs victimes
comme il était à la fois lâche et cruel, il les fit précipiter du haut en b[as]
son palais. Son frère Ali, plus courageux que lui, montra de la fermet[é]
chassa les Turcs de Tunis ; mais ayant voulu les poursuivre en dehors [de la]
ville, il tomba mort sous leurs coups.

Cet événement rendit Mohammed maître unique et absolu de la vill[e]
peine eut-il en mains l'autorité suprême qu'il en abusa. Les mécon[tents]
firent de nouveau appel aux Algériens pour les débarrasser de ce tyran
revinrent. Le Bey prolongea sa résistance pendant quatre mois, au [bout]
desquels, voyant que ses partisans se battaient pour lui à contre-cœu[r et]
désiraient sa chute, il sortit secrètement de la ville et fut se mettre à l[a tête]
des recherches de ses sujets et des Algériens qui, les uns à l'égal des [au-]
tres, ne voyaient en lui qu'un ennemi.

1687. — Mohammed, poursuivi de tous les côtés, se réfugia dan[s le]
Sahara chez un cheikh dont il avait autrefois fait mourir le père. Il é[tait]
persuadé que ses ennemis ne pourraient jamais supposer qu'il se choisi[t]
un pareil protecteur. En se présentant devant ce vieillard, il lui tint ce [lan-]
gage ! « Tu vois en ma personne un terrible exemple des vicissitudes [hu-]
» maines et un témoignage éclatant de la justice de Dieu. Je fus coup[able]
» envers toi, je t'ai donné le plus juste sujet de haine ; j'ose, cependa[nt]
» me mettre entre tes mains Venge-toi, ou bien pardonne et soutie[ns-]
» moi, choisis. Celui qui fut cruel envers le père ose compter sur la gé[né-]
» rosité du fils. »

Ces paroles surprirent étrangement le chef arabe, mais il vit de l'h[é-]
roïsme dans la démarche du prince déchu. Il voulut l'imiter : « Tu reco[n-]
» nais ton crime, lui dit-il, et tu t'en repends très certainement. D[ieu]
» n'exige rien de plus, et l'homme doit dès lors s'estimer satisfait. »
l'embrassa en achevant ces mots, et lui promit de lui accorder tout ce d[ont]
il pourrait avoir besoin. Il arma en sa faveur et marcha avec lui con[tre]
Tunis. En changeant de maître, cette ville n'avait fait que changer de tyr[an ;]
Ben Chekir s'y était rendu plus odieux encore que Mohammed ; en so[rte]
que le peuple, par un de ces revirements de sentiments, si communs par[mi]
les multitudes ignorantes, plaignait le sort de ce dernier prince, et fi[nit]
par lui faciliter l'entrée de sa capitale.

Le premier acte de son autorité fut de nommer un dey qui fût dans s[es] entière dépendance. Il conféra cette dignité à son frère Ramdam, qui jusque-là ne lui avait inspiré aucune méfiance.

1690. — Mohammed mourut d'une attaque d'apoplexie dans le courant de 1690. Son frère lui succéda, grâce à l'appui de la faction algérienne dont l'influence ne pouvait être contrebalancée par aucune autre. Ce prince apporta sur le trône l'indolence dont il avait fait preuve dans sa vie privée. Un musicien italien qui s'était fait circonscrire et portait le nom de Mahzul, était en possession de toute sa confiance. Comme cet artiste le divertissait, il le croyait doué des plus grands talents et lui confia toute son autorité. Des vexations sans nombre rendirent cet homme aussi odieux que son maître. On songea à renverser ce dernier pour mettre à sa place son neveu M'rad. Mahzul avait des espions qui l'instruisirent de ce qui se tramait. Il en fit part à Ramdan qui prit la résolution de faire crever les yeux à M'rad. Un chirurgien nommé Carlier, renégat français, qui exerçait sa profession à Tunis, fut chargé de la terrible opération. Il eut pitié du jeune prince. Laissé seul avec lui pour l'exécution de l'atroce sentence, il lui dit à voix basse : « Si tu veux me seconder, je te conserverai la vue et je trom-
» perai tes persécuteurs ; mais réfléchis qu'il y va de ton existence et de la
» mienne si tu me trahis. » M'rad n'hésita pas à lui promettre la plus ponctuelle exécution de ses instructions, et il s'engagea à lui donner une immense fortune pour le cas où il serait mis en possession du pouvoir.

Le chirurgien lui brûla les paupières, opération qui détermina une inflammation assez forte pour faire croire que les yeux étaient complètement perdus.

Pour s'assurer que le prince ne voyait plus, il lui tendit une foule de piéges propres à confirmer ses ennemis dans l'opinion qu'il voulait leur donner. Il lui présenta des épées nues sur lesquelles il se précipitait avec confiance ; il mettait des charbons ardents sur son passage ; et le prince n'hésitait pas davantage à vouloir marcher dessus. Enfin, lorsqu'il crut qu'il n'avait plus aucune épreuve à redouter, il partit pour Sousse avec le prisonnier. L'aga qui commandait cette place, religieux renégat, nommé Papa Falson, fut plus fin que tous les conseillers du bey. Il soupçonna la supercherie et en fit part à Mahzul. En réponse à cette communication, il reçut l'ordre formel de faire décapiter M'rad. Mais ce prince avait gagné la plus grande partie de ses gardiens, en sorte que ceux-ci l'aidèrent à mettre à mort le gouverneur et à s'évader de la forteresse.

1691. — Les partisans de M'rad demeuraient persuadés qu'il avai
réalité perdu l'usage de ses yeux, et cette croyance avait singulièrer
refroidi leur zèle à son égard, mais lorsqu'ils apprirent la vérité, ils s
mèrent pour lui et le replacèrent sur le trône. M'rad fit empaler son or
brûler son corps, et il en fit recueillir les cendres qu'il eut l'atrocit
mêler aux breuvages dont il faisait usage. Quant à Mahzul, il exerça
lui la vengeance la plus terrible : il le fit enfermer dans une cage, et o
déchira peu à peu les chairs au moyen d'instruments fabriqués tout exp
et que l'on introduisait à travers les barreaux. Ce supplice épouvant;
dura deux jours. On finit par livrer son corps au peuple qui le réduisi
si petits morceaux qu'il n'en resta bientôt plus de traces.

1695. — L'adversité adoucit quelquefois les caractères ; il sem
qu'elle n'avait fait qu'aigrir celui de M'rad. Son règne fut marqué par
d'excès et de cruautés que l'on se prit à regretter Ramdam.

Aux vices qui le déshonoraient, M'rad joignait encore une grande inc
dulité. Il riait tout le premier de la religion du Prophète. On raconte qu
jour il voulut visiter la chapelle de la Ste-Croix qui servait aux escla
chrétiens. Lorsqu'il fut entré dans le sanctuaire, il avisa un tableau apper
au mur qui représentait Ste-Lucie, qui avait été condamnée à perdre la
en raison de sa qualité de chrétienne. La Sainte tient, comme on le s;
dans ces sortes d'images, un plat sur lequel sont déposés ses yeux. M'
demanda l'explication de ce tableau, et l'esclave présent s'empressa de le
tisfaire en lui racontant l'histoire de la pauvre martyre. « C'est précisém
» de cette femme dont j'aurais à réclamer l'assistance, s'écria le Bey, pu:
» qu'elle guérit les mots d'yeux. Qu'elle veuille bien exercer sa puissan
» sur les miens, et je jure ici, devant elle, que sa lampe ne manquera jam
» d'huile. » St-Gervais qui rapporte ce fait, ajoute que le Bey fit en e;
fournir l'huile nécessaire à l'entretien de la lampe, mais aux frais de l'Et;

1700. — M'rad était constamment armé d'un sabre, de plusieurs p;
tolets et d'un fusil. Il se servait de ces armes pour tuer ceux de ses suje
dont il voulait se défaire. Souvent il les massacrait sans autre motif q
son caprice et par simple plaisir de tuer. Ce monstre reçut enfin le prix
ses forfaits ; un turc, nommé Ibrahim Schérif, capitaine de sa garde, n
un terme à son règne et à son existence. Cet assassinat fut le titre sur l
quel il s'appuya pour s'emparer du pouvoir. Son avènement mit fin à
dynastie des M'rads.

Ibrahim eut plusieurs guerres à soutenir contre Tripoli et Alger. Fait prisonnier dans le cours d'une expédition contre les Algériens, il demeura six mois dans les fers et ne recouvra sa liberté que sous la promesse d'envoyer, aussitôt son retour à Tunis, une rançon de 200,000 piastres. Ce honteux arrangement indigna son peuple qui refusa d'en recevoir l'auteur.

1705. — Ahsen ben Ali, appuyé par la milice, se fait proclamer Bey. Une nouvelle dynastie commence avec lui et se perpétue jusqu'à nos jours. Le nouveau Bey ne se dissimula pas que son pouvoir ne serait solidement assis qu'autant qu'Ibrahim aurait cessé de vivre. Cette considération le porta à essayer de différents moyens pour l'attirer près de lui. Il y en eut un qui lui réussit complètement, ce fut de déclarer hautement qu'il n'était, lui Ahsen ben Ali, que le dépositaire de l'autorité d'Ibrahim et qu'il n'attendait que son retour pour abdiquer immédiatement.

1706. — Cette déclaration lui inspira une telle confiance qu'il s'empressa de reparaître sur le sol tunisien. Arrêté à Porto-Farina, il y fut décapité le 10 juin.

Le règne d'Ahsen ben Ali fut long et paisible. Il fit renaître le bon ordre en toutes choses. Depuis longtemps les Chrétiens n'osaient pas se montrer dans les rues de la ville sans crainte d'être insultés. Les femmes publiques venaient les accoster pour les attirer chez elles ; et comme c'était un délit fort grave d'avoir commerce avec une musulmane, le peuple ne manquait pas de maltraiter les pauvres diables qui avaient eu la faiblesse de se laisser prendre dans les filets de ces réprouvées. Le nouveau bey réprima ces excès : il menaça de la bastonnade toute femme publique qui essayerait d'attirer chez elle un chrétien, et tout musulman qui se permettrait de les insulter.

1716. — Les traités de commerce entre Tunis et l'Angleterre furent révisés et modifiés dans le courant de cette année. Il est expressément stipulé par un article de ces traités, que les Anglais ne payeront jamais plus de 3 p. % de droits d'entrée et de sortie ; et que si la Régence, en faisant ultérieurement de nouveaux traités avec la France, accordait à cette puissance une diminution sur les droits exigibles, les Anglais payeraient toujours 2 p. % de moins que les Français.

Ahsen ben Ali ne dut son élévation qu'à son mérite personnel. Il devait le jour à un rénégat grec de l'île de Candie. Sa jeunesse se passa dans l'obs-

curité la plus profonde. Employé d'abord aux plus vils travaux, ses tale
ne tardèrent pas à le mettre en évidence, et le poussèrent peu à peu
degré le plus élevé de la fortune. Il fut successivement grand écrivain, ju
des Maures, major d'armée, lieutenant du bey ; et il se concilia dans l'exe
cice de ces emplois l'estime et la confiance des Maures et des Turcs.

Il ne manquait à son bonheur que de pouvoir avoir un héritier. M
comme aucune de ses femmes n'avait pu lui en donner, il fit choix de s
neveu Ali Bey pour lui succéder. Bien des années se passèrent ainsi. U
jour cependant, parmi des femmes qui avaient été faites prisonnières par
corsaire, il se trouva une dame génoise qui lui plut beaucoup. Cette dan
devint enceinte. Lorsque sa grossesse fut manifeste, il assembla le Divan
lui demanda si, malgré sa qualité de chrétienne, le fils qu'elle mettrait
monde pourrait devenir son héritier. Le Divan répondit qu'il fallait absol
ment que la mère changeât de religion. Alors Ahsen ben Ali fit de nou
velles instances auprès de sa favorite et la détermina, mais à grand'peine,
se faire musulmane.

Le fils qu'elle lui donna reçut le nom de Mohammed Bey. Plus tar
elle eut encore deux autres enfants : Mahmoud et Ali Bey.

Ahsen ben Ali se voyant père de trois héritiers, fit comprendre à son n
veu que le ciel ayant changé l'ordre de choses volontairement établi p
lui, il ne pouvait plus l'appeler à hériter de son trône ; mais que, pour l'e
dédommager et pour lui donner un témoignage de son amitié, il allait sol
liciter pour lui le titre de pacha que la Porte ottomane conférait encore
Tunis. Le jeune bey se soumit à la volonté de son oncle, accepta le post
promis et prit le titre de Ali Pacha. Son ambition paraissait satisfaite ;
il affectait même un contentement qu'il ne ressentait point, dans l'intentio
de mieux cacher les grands desseins qu'il avait conçus. Désespéré de voi
passer le sceptre en d'autres mains et voulant se soustraire à cette honte
il s'échappa de Tunis et se rendit dans les montagnes des Usslétas où il s
mit à la tête d'un parti qu'il avait secrètement formé parmi ces gens.

Il vint ensuite attaquer Ahsen ben Ali. Mais la fortune se déclara contr
lui. Battu par les troupes de son oncle, il vint se réfugier à Alger où il in
trigua fortement auprès du chef de cette Régence pour en obtenir des se
cours. Les Algériens se décidèrent à le seconder.

1735. — Les Algériens se dirigèrent vers la Tunisie et, après une vic
toire complète remportée sur l'armée d'Ahsen ben Ali, ils obligèrent celui-c
à se renfermer dans Cairouan. Quelque temps après, il se réfugia à Sousse

Un capitaine français, de la Ciotat, nommé Bareilbier, qui lui était fort dévoué depuis longues années, lui donna, dans ces tristes circonstances, des preuves d'un attachement sincère. Il lui fournit en abondance des approvisionnements de toute espèce que le Prince payait en obligations souscrites à long terme, sous la promesse de les rembourser s'il avait le bonheur de remonter sur le trône. Mais comme la mauvaise fortune le poursuivait avec acharnement, il prit le parti d'envoyer ses fils à Alger, qui était le refuge de tous les princes détrônés. Il espérait pouvoir les y rejoindre quelque jour. Alors qu'il s'y disposait, Jounes Bey, fils aîné d'Ali Pacha, le surprit dans sa fuite et lui trancha la tête.

Ali Pacha délivré de son plus dangereux ennemi semblait pouvoir désormais jouir en paix du fruit de ses peines ; mais la tranquillité fut presque aussitôt troublée par les désordres qui éclatèrent parmi ses fils. Mohammed Bey, l'un de ceux-ci, forma le projet de ravir à Younes Bey, son aîné, le trône qui devait lui revenir. Il tenta avec succès d'indisposer son père contre lui. Ali Pacha voulut le faire arrêter ; mais Younes eut vent de ce dessein, se mit en révolte contre son père et s'empara de la citadelle et de la ville de Tunis. Il y fut attaqué par Ali Pacha et obligé de se réfugier à Alger. Mohammed Bey ne s'estima pas encore satisfait : il voulut se défaire de son frère cadet comme il s'était débarrassé de son aîné. En conséquence, il le fit empoisonner. A la suite de ces événements, il s'était fait reconnaître en qualité d'héritier présomptif et croyait pouvoir profiter un jour de la position qu'il s'était préparée par ses crimes, lorsque les choses prirent une autre tournure. La ville d'Alger venait d'éprouver une de ces révolutions comme il s'en produit si souvent dans les gouvernements militaires. Un nouveau dey fut nommé et le choix de la milice était tombé sur le turc Ali Tkely. Ce personnage était en ce moment ambassadeur à Tunis, où il avait reçu un affront de ce même Younès qui se voyait aujourd'hui réduit à implorer sa protection. Loin d'accueillir sa prière, il résolut de se venger de lui en embrassant le parti des fils de Ahsen ben Ali auxquels il fournit des troupes pour reconquérir leur trône.

Le succès couronna leur entreprise; ils saccagèrent Tunis et firent prisonnier Ali Pacha qui eut aussitôt la tête tranchée. Mohammed Bey, fils aîné d'Ahsen ben Ali, fut replacé sur le trône. Ce bon prince ne régna que deux ans et demi ; il mourut, laissant deux enfants mineurs, Mahmoud et Ismaïn Bey.

Ali Bey, son frère, lui succéda, sous la promesse, assure-t-on, de remettre le pouvoir au fils de ce frère lorsqu'il serait en âge d'en accepter le

fardeau. Mais le désir qu'il avait de perpétuer ce pouvoir dans sa pro[...]
lignée, l'empêcha de tenir sa promesse. Il fit tout, au contraire, p[...]
éloigner ses neveux du gouvernement, pour mieux l'assurer à son fils[...]
montra au peuple le jeune Hamouda, lui confia le commandement du ca[...]
et pria le gouvernement de la Porte de lui conférer le titre de pacha. D'a[...]
leurs, il fut assez adroit pour séduire ses neveux à force de caresses [...]
d'égards ; en sorte. qu'à sa mort, survene le 26 mai 1782, ils furent [...]
premiers à se désister de leurs droits et à rendre hommage à leur cousin [...]
qualité de bey de Tunis.

1782. — Depuis cette époque, l'État ne fut agité par aucun trou[...]
sérieux. Le souvenir affligeant du passé et des désordres qui avaient écl[...]
à Alger servit d'enseignement aux Tunisiens. Il leur inspira une telle m[...]
fiance à l'égard des Turcs qu'ils ne les voyaient qu'avec peine participe[...]
l'action gouvernementale. Aussi, les beys s'attachèrent-ils à les éloigner [...]
fonctions publiques tant soit peu importantes. Ils aimaient mieux les co[...]
fier à des indigènes, à des Géorgiens et même à des renégats chrétien[...]
Bien que la famille régnante fût considérée comme famille turque, il su[...]
qu'Ahsen ben Ali descendît d'un renégat grec pour que le gouverneme[...]
fût regardé comme gouvernement maure.

Hamouda Pacha II régnait donc en maître absolu sur la Tunisie. Il a[...]
torisait la piraterie et permettait aux corsaires de remplir les harems [...]
grands avec des esclaves de tout condition et de toute sexe capturés sur [...]
côtes d'Italie, l'Europe tout entière à ses guerres continentales, se so[...]
ciant fort peu de ce qui se passait au dehors. Hamouda voyant qu'on ne [...]
adressait aucune remontrance, se croyait un très grand prince et agiss[...]
en conséquence de cette singulière persuasion.

Peu reconnaissant des grands services que lui avaient rendus ses cousin[...]
Hamouda ne pouvait se défendre de redouter leurs entreprises. Il avait chas[...]
Mahmoud du Bardo, et ce jeune prince était obligé de vivre à Tunis comm[...]
y aurait vécu un simple particulier.

Hamoud avait deux enfants : Ahsen et Mustapha.

Mahmoud pensa, dans sa sagesse, qu'il était inutile de provoquer de no[...]
velles rébellions pour renverser le tyran et se replacer sur le trône de s[...]
ancêtres. Hamouda le laissait cependant manquer de tout ; et souvent mêm[...]
lui refusait jusqu'à la nourriture. Mais le ciel n'abandonne jamais personn[...]

Bien que la garnison turque de Tunis fût considérablement réduite[...]
existait parmi elle un grand nombre d'individus hostiles au Pacha.

Les Turcs s'étant concertés avec l'Agha de la Casbah, s'emparèrent de cette citadelle et de là commencèrent à bombarder la ville et les forts. On voit encore les traces de leur fureur empreintes sur les murs des minarets et de la mosquée de Youssouf pacha.

Lorsque l'on vint informer Hamouda de ce qui se passait, il répondit avec un imperturbable sang-froid : *laissez-les faire*. Dans le courant de la journée il fit établir une batterie sur les collines qui avoisinent la ville du côté de Bab el Khodra. Le feu de cette batterie endommagea beaucoup la Casbah. Les Turcs n'auraient pas renoncé à l'exécution de leur plan s'il ne leur fût devenu impossible de se procurer les munitions qui se trouvaient déposées dans cette citadelle. En conséquence ils prirent tous la fuite.

Instruit de leur retraite, Hamouda se borna cette fois encore à dire à ceux qui l'en informaient : *laissez-les faire*. Mais il envoya des courriers dans toute l'étendue du royaume pour donner l'ordre de massacrer les turcs qui pourraient être arrêtés. Les arabes exécutèrent avec plaisir ces instructions parce qu'ils avaient eu de tout temps à en subir mille vexations. On dit que cinq cents hommes tombèrent sous le fer des indigènes des différentes tribus.

Après la fuite des Turcs, Hamouda Pacha fit désarmer la citadelle, la rasa en partie, détruisit tous les logements, afin qu'elle ne pût pas servir, par la suite, de foyer à une insurrection.

Le peu de Turcs qui demeuraient au service de l'Etat, auraient pu être facilement annéantis, mais le Pacha en avait besoin pour la perception des impôts et pour accompagner le Bey du Camp.

Ali Bey, parvenu au terme de son existence, avait fait appeler son fils Mahmoud Pacha et lui avait adressé ces paroles : « Je te donne un pain que
» tu diviseras en quatre morceaux ; tu en donneras trois aux Algériens et
» tu n'en garderas qu'un seul pour toi, afin de vivre en harmonie avec ces
» peuples inquiets et redoutables. »

On rapporte que ce prince avait reçu bien des humiliations de la part de ces mêmes Algériens. Le *bache sadar*, chef des estaffettes de Constantine, étant un jour venu à Tunis avec une suite de quarante personnes, fut présenté à Ali Bey qui donnait en ce moment audience à grand nombre de ses sujets. Regardant avec un air sévère tout ce qui l'entourait, il jetta les yeux sur le pantalon dont le Bey était revêtu. Alors se tournant vers les grands de la Cour qui assistaient à l'audience, il leur dit que ce pantalon lui plaisait beaucoup et qu'il désirait l'avoir, non pas qu'il en eût un besoin réel, mais parce qu'il voulait humilier l'orgueil de ce prince en répandant partout

qu'il l'avait dépouillé de ses vêtements et qu'il les avait portés. Le prud[e]
Ali Bey ne s'éleva pas contre l'indignité de cette requête; il passa dans [son]
cabinet, changea de pantalon et vint remettre l'autre entre les mains [de]
l'arrogant algérien.

Peu de temps après la mort de ce prince, un nouveau chef d'estafet[te]
arriva à Tunis. Hamouda Pacha qui occupait alors le trône par la cessi[on]
que lui en avaient faite ses cousins, résolut de recevoir cet envoyé avec tou[te]
la pompe désirable. Il fit préparer un magnifique repas et invita l'envoyé [et]
sa nombreuse suite à y prendre part.

Mariano, en sa qualité de premier référendaire était chargé de surveill[er]
les esclaves pour que chacun d'eux fît exactement son devoir auprès de c[es]
exigeants étrangers.

L'apparition d'un certain mets fit murmurer les invités. Mariano s'ap[-]
procha de leur chef pour lui demander le motif de leur mécontentemen[t.]
Celui-ci, sans rien répondre, se borna à lui donner un vigoureux soufflet [et]
il continua de manger comme si de rien n'était.

Mariano jugea à propos de dévorer l'outrage; mais les mamelucks q[ui]
étaient de service dans la salle du banquet rapportèrent le fait à Hamou[da]
Pacha qui s'en montra fort irrité et jura d'en tirer quelque jour une satisfa[c-]
tion éclatante. Ce prince avait beaucoup d'amour propre. Il déclara de sui[te]
qu'à partir de ce jour, il se refuserait à envoyer à Alger le tribut de deu[x]
chargements d'huile que ses prédécesseurs étaient dans l'usage d'y fair[e]
déposer. Le bey d'Alger lui députa aussitôt trois ambassadeurs pour récla[-]
mer le tribut. Hamouda fut inflexible. Les envoyés repartirent, mais ave[c]
l'intention bien arrêtée de déterminer leur maître à détruire Tunis. Ha[-]
mouda Pacha qui prévoyait des représailles, se hâta d'ordonner au com[-]
mandant du Keff de mettre cette place forte dans le meilleur état possibl[e]
de défense. Ses ordres furent ponctuellement exécutés; et, de son côté, i[l]
augmenta les fortifications de sa capitale, fit placer à chacune de ses porte[s]
des canons de 24 et de 36 qui avaient été pris aux Français et aux Espa[-]
gnols. Il fit en outre créneler tout le mur d'enceinte, et le fit percer d[e]
meurtrières pour mettre les défenseurs à l'abri du feu de l'ennemi et leu[r]
permettre de tirer sur lui sans danger. Les approvisionnements de la vill[e]
furent complétés et des fortins s'élevèrent sur toutes les hauteurs qui l'en[-]
vironnent.

Lorsque tout fut prêt pour soutenir un siége, il fit déployer sur le som[-]
met de la Casba la bannière tunisienne qui, dans les temps ordinaires, n'é[-]
tait arborée qu'à mi-mât et enroulée comme un pavillon mis en berne.

Le Pacha ne s'était pas borné à ces différents soins ; il avait rattaché à sa cause un grand nombre d'arabes du Djebel Flissa en leur prodiguant l'or à pleines mains. C'étaient là de vaillants auxiliaires.

Les Algériens firent de leur côté tous les préparatifs nécessaires pour attaquer leur ennemi. Sachant que Mustapha Ingliz, bey de Constantine, entretenait des rapports amicaux avec Hamouda Pacha, le bey d'Alger avait ordonné de le mettre à mort. Mais, prévenu à temps, Ingliz Bey s'était réfugié sur le territoire de son allié.

Hamouda Pacha voyant son plus fidèle allié venir lui demander des secours, résolut de le seconder de tous ses efforts. Il leva une armée de soixante mille hommes, tant fantassins que cavaliers, et la porta sur Constantine. Cette armée était composée d'Arabes et de Turcs.

Après quinze jours d'une marche pénible, les différents corps arrivèrent en vue de la ville. Des forces considérables défendaient la position de Mansourah. Le lendemain, les deux armées en vinrent aux mains. Le choc fut terrible sans être décisif. Après six attaques successives, la victoire se déclara enfin pour les Tunisiens. Ils s'emparèrent du camp ennemi et campèrent sur la position qu'il avait occupée précédemment.

Cette position dominait complètement la ville.

La porte *El Kontra* étant ouverte, l'état-major tunisien voulait que l'on donnât immédiatement l'assaut, que l'on achevât ainsi la victoire afin de s'en faire un mérite aux yeux de Hamouda Pacha qui aimait beaucoup les braves. Cet avis était bon et l'on aurait dû en profiter puisque les portes étaient ouvertes, ce qui prouvait les bonnes dispositions des habitants.

Mais le généralissime des troupes, Soliman Kahia, homme habitué à faire la guerre ainsi qu'on la faisait dans les temps de la chevalerie, répondit aux officiers de l'état-major que les troupes étaient exténuées, et qu'il serait toujours grand temps d'effectuer l'assaut le jour suivant.

Pendant la nuit, des agents du bey d'Alger s'étaient introduits dans Constantine et étaient parvenus, à force de présents, à changer l'esprit des habitants et à gagner les Flisséens. Ceux-ci s'engagèrent à tourner leurs armes contre Ingliz Bey, leur propre souverain.

Le jour parut, et l'on demeura tout surpris dans le camp tunisien de voir que les habitants avaient non-seulement fermé leurs portes, mais qu'ils les avaient fortifiées. Il fallut donc entreprendre un siége régulier.

Après deux mois d'une défense opiniâtre, les Tunisiens et leur général Soliman Kahia, se décidèrent à donner l'assaut. Mais ce général eut la malheureuse idée de recourir à une stratégie surannée et profondément ridicule.

Il plaça à l'avant-garde des colonnes d'assaut cinq cents chameaux chargé d'échelles et les fit pousser vers la ville. Arrivés aux pieds des remparts, ce timides animaux furent tellement épouvantés par le feu violent que les assiégés avaient ouvert sur eux, qu'ils reculèrent précipitamment et se jetèrent avec leurs échelles sur les troupes qui les suivaient. Le désordre qu en résulta fut si grand que l'on crut à une sortie de la garnison. Ce spectacle était à la fois triste et risible. Pour parer au danger imaginaire de cett prétendue sortie, une partie des troupes s'était hâtée de regagner le plateau de Mansourah pour défendre les pièces qui s'y trouvaient établies.

Après cette échauffourée que l'on pourrait qualifier de défaite, les Tunisiens continuèrent à tirailler sur la ville, sans résultat marqué. Pendant ce temps, la saison mauvaise s'avançait à grands pas; les pluies et le froid faisaient considérablement souffrir les troupes.

Bien que les Algériens eussent tardé à se porter au secours de leurs alliés, ils arrivèrent encore assez à temps pour leur être d'une assistance efficace. Leur armée vint camper sur les bords du Rhumel.

La cavalerie arabe qui était impatiente d'en venir aux mains avec l'ennemi, se porta sur son camp. Hamida ben Hayad la commandait. Les Algériens tinrent ferme; mais l'attaque des Arabes persistant toujours, on fit pleuvoir sur eux de la mitraille. Ce feu détermina leur fuite pendant laquelle Ben Hayad fut fait prisonnier. Pendant que les Algériens emmenaient ce général, ses mameluks et ses nègres se ruèrent avec impétuosité sur son escorte et le rendirent à la liberté.

Les affaires restèrent en suspens pendant plusieurs jours. A la fin, voyant qu'il lui devenait de plus en plus difficile de tenir devant l'ennemi, Soliman Kahia prit la résolution de battre en retraite. Profitant d'une nuit très obscure, il leva précipitamment son camp et se dirigea vers le Keff.

Bien que cette expédition n'ait pas eu d'issue fort heureuse, elle peut toutefois être considérée comme une victoire, car il est incontestable que les Tunisiens auraient pu pénétrer dans la ville s'ils avaient voulu profiter du moment où les portes en étaient ouvertes. On dit qu'un rénégat français du nom d'Osman Moreau, qui avait servi sous Napoléon en Egypte, fit des prodiges de valeur pendant la durée de ce siége.

Les Tunisiens retournèrent dans leur capitale avec toutes les richesses enlevées dans le camp ennemi.

Depuis l'affaire de Constantine, les Algériens ne pensaient qu'avec dépit aux pertes qu'ils avaient faites. Ils voulurent s'en venger par la conquête de l'île de Gerbi, située sur les côtes de la Tunisie. A cet effet, ils opérèrent un débarquement dans cette île ; mais n'en connaissant pas la topographie, ils s'engagèrent imprudemment dans des marais d'où ils ne purent sortir. Pendant neuf heures, les habitants ne cessèrent de tirer sur eux sans que les algériens pussent faire usage de leurs fusils, parce qu'ils avaient jeté dans la mer les munitions et les armes dont le poids gênait leurs mouvements et compromettait les chaloupes dans lesquels ils se trouvaient embarqués.

A la nouvelle du débarquement des Algériens, Hamouda Pacha expédia de suite une escadre pour se porter au secours de l'île de Gerbi. Elle était composée de neufs bâtiments de tous rangs et marchait sous les ordres de Mohammed el Mouraly de Madone. Sur ces entrefaites, la flotte algérienne qui avait reconnu l'impossibilité de s'emparer de l'île, avait mis à la voile et s'était rencontrée avec celle des Tunisiens à la hauteur d'Hammamet. Au moment d'engager le combat, Mourales fut indignement trahi par ses capitaines qui eurent la lâcheté de fuir devant l'ennemi. Resté seul sur le champ de bataille, Mourales se défendit comme un lion et n'amena son pavillon que lorsque sa frégate fut réduite à l'état de ponton.

Au lieu d'honorer dans la personne de cet amiral un courage surprenant, au lieu de se montrer généreux envers un homme qui aurait pu leur être d'une grande utilité pour leurs opérations maritimes, les Algériens ne voulurent voir en lui qu'un ennemi irréconciliable : ils le mirent à mort sur les débris du navire qu'il avait si héroïquement défendu.

Hamouda Pacha eut quelque temps après, quelques difficultés avec le Bey de Tripoly. Il fit marcher une armée contre ce prince, et s'empara de sa capitale que les habitants rachetèrent moyennant une somme de cent mille piastres.

Fier des deux victoires qu'il avait remportées sur ses ennemis, Hamouda se croyait assuré d'un règne paisible et ne soupçonnait pas que deux personnages qu'il avait comblés de richesses et d'honneurs conspiraient dans l'ombre contre ses jours.

Il avait pour garde des sceaux un nommé Youcef, originaire de la Géorgie, et pour premier référendaire Mariano Stinco, rénégat napolitain. Tous deux se livraient, en dehors de leurs fonctions, à des opérations commerciales fort importantes qui faisaient un tort infini aux négociants du pays qui subissaient en silence la tyrannie de ces deux esclaves.

1808. — L'année 1808 venait de commencer et l'on se trouvait dans le mois de ramadan, pendant la durée duquel chacun sait que les musulmans

observent, durant le jour, un jeûne des plus rigoureux. Mariano, entre au
tres attributions de sa charge, avait celle de présenter le tabac au pacha a
moment de la rupture du jeûne. Comme la mort de ce prince était dé
concertée entre les deux conspirateurs, Mariano s'était procuré une taba
tière double pour l'exécution de son dessein. Dans l'un des côtés se trouva
du tabac ordinaire ; dans le second compartiment se trouvait du tabac mé
langé avec du sublimé corrosif. Hamouda reposait dans son appartemer
lorsque l'heure de la rupture du jeûne venait d'être proclamée du haut de
mosquées. Mariano accourut et présenta le café à son maître. Celui-ci éta
ce jour très mélancolique. Le café pris, Mariano présenta la tabatière, ma
du côté empoisonné. Le Pacha prit une prise qu'il aspira avec une vive ex
pression de plaisir. Cependant il remarqua que le tabac avait un goût parti
culier et il en fit l'observation à Mariano qui, pour détourner tout soupço
s'empressa de retourner la tabatière sans que le pacha s'en aperçût, et d'
puiser une prise qu'il aspira devant lui. « Votre Altesse fait erreur, dit-
» au pacha ; ce tabac est absolument le même que celui dont vous faite
» usage d'habitude. » A peine eut-il achevé ces mots, que Hamouda cess
de vivre. Aussitôt il se fit un grand bruit dans le palais ; on rechercha l'au
teur du crime et l'on finit par découvrir la supercherie atroce à laquell
Mariano avait eu recours pour donner la mort à son maître. On le tua dan
des latrines où il s'était réfugié. Les soupçons n'atteignirent pas le gard
des sceaux.

Hamouda Pacha donna pendant son règne des preuves de tyrannie, d
cruauté, et cependant aussi des preuves de justice. Dans les derniers temp
de son existence, il était devenu pieux et charitable. Nous citerons à l'ap
pui de cette assertion quelques faits qui le corroborent.

Un capitaine ragusais, marié tout récemment dans son pays, se promenai
pensif sur la place de la Marine à Tunis, songeant sans doute à sa jeune
épouse ou à quelque opération commerciale importante, lorsqu'il fut ac
costé par un de ces Juifs qui exercent l'abominable métier de courtier d'a
mour. Pour entrer en conversation avec lui, il lui proposa d'acheter des
médailles antiques dont, disait-il, il possédait une assez belle collection. Le
jeune capitaine avait entendu parler du goût qu'avaient certains Européens
pour ces sortes de raretés, en sorte qu'il eut de suite l'idée d'examiner ces
médailles et de voir s'il ne pourrait pas en tirer un avantageux parti en les
revendant en Europe. Il suivit donc le Juif. Arrivé au domicile de celui-ci,
le capitaine demanda les médailles. Le Juif alors le prend par la main et le
mène droit à un lit dont les rideaux étaient fermés. Il les entr'ouvre, et lui

montrant une superbe mauresque qui reposait sur la couche : « *Voici*, dit-il, *les monnaies antiques que je voulais te faire voir.* » La surprise du jeune capitaine fut grande. Mais, soit indifférence ou vertu, il demeura insensible aux charmes de la mauresque et aux instances que faisait le Juif pour gagner son pourboire. Alors celui-ci lui demanda arrogamment sa montre et l'argent qu'il avait dans sa bourse. Sur le refus du capitaine, une vive altercation s'ensuivit ; le monde s'attroupa devant la maison, et des agents de police y pénétrèrent. On accabla les trois délinquants de mauvais traitements et on les conduisit chez le gouverneur de la ville. Toute la population était en émoi et s'attendait pour le lendemain à une holocauste expiatoire envers le Prophète.

Le lendemain, les trois prisonniers furent conduits devant le Bey qui prononça contre eux un arrêt de mort, sans prendre la peine de s'enquérir des circonstances qui avaient amené ce fait réputé crime. En conséquence, le capitaine fut décapité et la femme précipitée dans le lac. Quant au Juif, son supplice fut retardé de quelques heures, afin de pouvoir le rendre plus atroce. On prépara un vaste bûcher, on revêtit la victime d'une chemise soufrée, et il mourut ainsi au milieu des flammes.

La peste s'étant déclarée quelque temps après à Tunis, le bruit se répandit parmi le peuple que le ciel avait envoyé ce fléau en punition de la cruauté du supplice infligé au Juif. Depuis cette époque, on a renoncé de livrer un criminel aux flammes.

Un génois établi depuis longues années à Tunis, où il était placé sous la protection française, ayant eu un jour une altercation violente avec un juif, finit par donner un soufflet à celui-ci. L'israélite courut au palais porter plainte au Pacha. Aussitôt Hamouda fit écrire au consul de France que si son protégé voulait rester dans le pays, il fallait qu'il consentît à avoir la main tranchée ; que s'il refusait de se soumettre à ce châtiment, il lui donnait vingt-quatre heures pour quitter la Régence. Cependant l'affaire s'arrangea, grâce à l'entremise de Mariano et de Youssef, grâce aussi à une amende de 25,000 piastres.

Hamouda avait l'esprit très défiant. Souvent il lui arrivait de revêtir des habits grossiers pour pouvoir parcourir les rues sans être reconnu et aussi pour se rendre compte de ce qui se passait dans les lieux habituellement fréquentés par les malfaiteurs ou les mauvais sujets. Il fut plusieurs fois témoin de violences exercées par des Turcs sur des Tunisiens. Dans ces circonstances il ne disait pas un mot ; mais il se bornait à bien fixer l'auteur du méfait, de manière à pouvoir le reconnaître au besoin. Le lendemain, on

lui dénonçait soit un crime, soit un délit, et il en faisait rechercher les a
teurs que, la plupart du temps, on ne retrouvait point. Alors prenant un :
d'inspiré en levant les yeux au ciel, il indiquait à ses agents le lieu où
trouvait le coupable et leur donnait les indications les plus propres à le fai
reconnaître.

Othman, frère d'Hamouda, hérita de son trône, mais il ne s'y mainti
que fort peu de temps. Il fut assassiné par ordre de Mahmoud, qui av:
pénétré de nuit dans son appartement du Bardo avec une troupe de ses pa
tisans.

Salah et Ali, frères du défunt, se réfugièrent à La Goulette où ils fure:
décapités par les agents que Mahmoud avait envoyés à leur poursuite.

Mahmoud était donc parvenu au but que lui assignait son ambitio:
mais il était monté sur un trône souillé de sang. Il fut acclamé et re
connu par le peuple toujours avide de nouveautés. Son fils aîné, Ahse:
fut nommé bey du Camp. Mahmoud gouvernait tranquillement ses Eta
sans avoir d'ennemi redoutable au déhors. Les affaires administratives étaie:
conduites par l'intrigant Youssouf, que son maître voyait avec déplaisir e
possession de prérogatives étendues. Il cherchait bien à s'en défaire, ma:
encore fallait-il trouver un prétexte plausible pour le renverser. Il songe
alors à un stratagème qui lui réussit à souhait.

Ce Youssouf faisait alors construire, dans le quartier de Bab el Soniga
une mosquée magnifique qui porte encore aujourd'hui son nom, et qui éta:
destinée à perpétuer son exécrable mémoire. Maintes fois, il lui arrivait d
coucher en ville afin de pouvoir surveiller les travaux de ce monument.

Le Bey répandit que ces visites fréquentes n'étaient qu'un prétexte pou:
venir présider à des conciliabules dans lesquels on s'entendait sur le:
moyens de le détrôner.

Comme ce ministre avait de très chauds partisans au Bardo, le Bey assembla son conseil, dont ils faisaient eux-mêmes partie et leur exposa le:
griefs qu'il avait contre Youssouf. Il invita les membres de ce conseil :
s'enquérir des faits, et à décider de la punition qu'il aurait méritée si le:
faits étaient reconnus exacts.

Les personnes chargées de l'enquête se rendirent à Tunis et trouvèren:
Youssouf occupé à donner audience à une foule d'individus de tout rang
et de toutes conditions, parmi lesquels on remarquait un grand nombre de
turcs.

Aussitôt elles rendirent compte au Bey de ce qu'elles avaient remarqué.

Il est bien entendu que leur rapport fut fait dans le sens qui rentrait le plus dans les sentiments particuliers du Bey.

En conséquence, il dépêcha de suite des agents à Tunis pour faire savoir à Youssouf que Mahmoud venait de tomber gravement malade, et qu'il le priait de se transporter sans délai auprès de lui.

L'arrivée de ces envoyés étonna fortement Youssouf ; il hésita beaucoup à ajouter foi à leur rapport. Toutefois, il se décida à se rendre à l'invitation qui lui était faite.

Lorsqu'il fut arrivé au palais, il remarqua que toutes les issues en étaient gardées d'une façon insolite. Cette circonstance accrut ses soupçons. Il voulut alors faire quelques pas en arrière ; mais il en fut aussitôt empêché par des gardes qui l'environnèrent. Voyant que toute tentative de fuite serait inutile, il voulut au moins faire payer cher la capture de sa personne. Mettant le sabre à la main, il fondit sur les soldats qui l'entouraient et en laissa deux sur le carreau. On lui tira alors un coup de pistolet dont la balle lui brisa la jambe et le fit tomber à terre. Les assaillants se saisirent alors de lui, l'entraînèrent dans un appartement isolé et l'y étranglèrent.

La vengeance du Bey ne s'arrêta pas là : on remit son corps à des juifs pour le traîner par toutes les rues de la ville ; puis on hacha ce cadavre en morceaux. A la fin et lorsqu'il n'en restait plus que le squelette, on le hissa jusque sur le mur du cimetière chrétien en lui criant : *A présent, va faire tes comptes avec Mariano*. On lui donna la sépulture pendant la nuit.

Quelques jours après cette exécution, un renégat napolitain nommé Certa, fut élevé à la dignité de premier ministre. Il était Bache Mameluck.

1810. — Les Turcs comprenant toute l'étendue de la perte qu'ils avaient faite en la personne de Youssouf, se révoltèrent contre son successeur et se rendirent maîtres de la Casbah. Mais leur triomphe fut aussi éphémère que les précédents.

Mahmoud, débarrassé de tout ce qui pouvait être pour lui un sujet d'inquiétude, poursuivit dès lors sa carrière avec une entière tranquillité.

1813. — Cette année fut encore marquée par une révolte des Turcs qui s'emparèrent de la Casbah. Cette fois, Mahmoud aurait eu beaucoup de peine à se tirer d'embarras s'il n'eut été secouru fort à propos par des étrangers. Une frégate anglaise, aux ordres du commandant Blaquières, se trouvait en ce moment dans le port. Cet officier fit débarquer quelques pièces de canon et les établit sur une petite éminence qui avoisine le ci-

metière israélite. De là, il fit tirer sur la Casbah et y jeta l'épouvan[
Les Turcs, obligés de se retirer, se répandirent dans la ville dont ils pil[
rent quelques magasins. Tout en fuyant, ils firent prisonniers les deux a[
raux, Ahsuna Merali et Ahmed Captan dit Madone, et se réunirent sur [
place de la Marine pour se rendre à La Goulette. Mais la porte de la Mar[
étant fermée, il leur fallut escalader les remparts pour gagner la campag[

Ils arrivèrent sans difficulté à La Goulette, dont la garnison les accuei[
bien ; mais, comme il s'agissait pour eux de fuir au plus vite, ils s'empar[
rent de plusieurs bâtiments tunisiens et obligèrent les capitaines à les co[
duire en Morée. Arrivés en vue des côtes de Grèce, ils avaient débarq[
les deux amiraux dans l'île déserte de Proti, d'où ceux-ci s'échappère[
pour se rendre à Navarin.

1824. — Mahmoud mourut dans le courant de cette année, au sein [
sa famille, et dans un âge très avancé. Hussein Pacha lui succéda et Mu[
tapha, frère de celui-ci, fut nommé bey du camp. Grâce à la prudence [
nouveau bey, son règne ne fut troublé par aucun événement sérieux. Il s[
se maintenir en bonne harmonie avec toutes les puissances de l'Europe q[
avaient les yeux tournés vers l'Afrique depuis que les Français s'étaie[
rendus maîtres d'Alger.

Cependant, il eut pendant son règne une crise violente à traverser. L[
caprices d'une femme, la vie dissipée du souverain et la détestable adminis[
tration du Bache Mameluck avaient mis le trésor à sec et forcé le prince [
contracter des emprunts onéreux qui le devenaient chaque jour davantag[
par suite de l'impossibilité d'en payer les intérêts. Le bey se désespérait d[
cette situation. Aussi, pour se distraire de ses constantes préoccupation[
financières, il s'était retiré à sa résidence de l'Abdellia pour y vivre en rep[
pendant quelques mois Un soir qu'il était livré à ses tristes réflexions, [
se mit à fondre en larmes. Ahsuna Moraly qui se trouvait à ses côtés essay[
de le consoler. Alors le bey lui avoua qu'il cherchait parmi les personnag[
de sa cour quelqu'un qui fût capable d'occuper la place de premier ministre[
parce que le Bache Mameluck ne pouvait plus la remplir utilement en rai[
son de son état maladif. Moraly qui avait d'anciens motifs de haine contre l[
Bache Mameluck, saisit avec empressement cette occasion de l'humilier. I[
se rendit au Bardo et abordant fièrement le ministre, il lui parla de la situa[
tion dans laquelle se trouvait leur maître et n'hésita pas à l'attribuer à s[
mauvaise administration. Le ministre surpris d'entendre un langage auss[
insolite, lui répondit avec hauteur : « Si je suis incapable, choisissez e[

» un autre pour me remplacer. » Moraly ne se le fit pas répéter deux fois ;
il jetta les yeux sur tous les personnages du Bardo et n'en vit qu'un qui
fût à la hauteur de la situation qu'on voulait lui faire. Ce personnage était
Chékir, qui était en ce moment garde des sceaux.—Moraly rapporta au Bey
ce qui s'était passé et lui fit part du choix qu'il avait fait. Le Pacha l'ap-
prouva grandement et Chékir fut insveti des hautes fonctions de premier
ministre. Le Bache Mameluck fut dépouillé de ses biens et même de la dot
que lui avait apportée sa femme.

Toutes ces disgrâces n'auraient pas abattu l'âme du Bache Mameluck si
la femme du Pacha, Fatima, eût été vivante. Cette souveraine était juste,
vertueuse, charitable et possédait une connaissance approfondie du monde
extérieur. On pouvait dire, sans craindre d'être démenti, que c'était elle
qui dirigeait en réalité les affaires. Elle était en outre aussi bonne mère que
tendre épouse et conseillère fidèle. Hussein son mari qui était bien le prince le plus léger dans ses mœurs qui fut jamais monté sur le trône de Tunis,
avait amendé sa conduite depuis qu'il avait fait reconnaître Fatima comme
reine légitime. Il lui suffisait d'un regard sévère pour le ramener dans la
bonne voie.

Nous allons rapporter ici un trait de la vie de cette femme remarquable.
Fatima avait donné à son mari une nombreuse postérité. Dans l'une de
ses dernières couches (de 1830 à 1831), où elle mit heureusement au jour
un jeune garçon, elle eut besoin d'avoir recours aux lumières d'un accou-
cheur. Celui-ci était un français nommé Lombard. Il accourut en toute hâte
au palais, fut introduit dans la chambre de la malade qu'il trouva au lit et
entièrement cachée par les couvertures. Le médecin avait ordre de faciliter
l'accouchement sans découvrir la reine. On pratiqua donc une ouverture
convenable dans les couvertures, et l'homme de l'art commença de faire ce
que les circonstances exigeaient. Tandis qu'il retirait l'enfant du sein de sa
mère, celle-ci poussa un cri perçant qui fit craindre à M. Lombard d'avoir
lésé involontairement un organe important. Saisi de frayeur et craignant
même pour son existence, il rassura les personnes qui entouraient la princesse et se hâta de se retirer. Le lendemain une inflammation considérable
se déclara dans la partie lésée et de jour en jour le mal ne fit que s'aggraver.
La princesse ne se fit aucune illusion sur sa situation : elle comprit qu'elle
touchait à sa dernière heure. Aussitôt elle fit appeler son mari ; et, les yeux
baignés de larmes, elle lui adressa ces paroles : « Je vais bientôt me rendre
» dans un autre monde ; c'est celui de l'éternité. Durant ma vie, je t'ai
» causé beaucoup de tourments. Je ne veux pas que tu m'en gardes rancune

» dans l'autre monde. Voici une clef (elle venait d'en retirer une de de
» sous son oreille), prends-la, et lorsque je serai morte, tu chercheras
» quelle serrure elle peut s'appliquer. » Hussein prit la clé et la mit dans
poche tout en versant un torrent de larmes.

Quatre jours après cet entretien suprême, Fatima rendait son âme
Dieu.

Hussein, accablé par la perte immense qu'il venait de faire, ne pen
plus à la clef. Ce ne fut qu'au bout de quarante jours, alors que sa doule
se fut un peu calmée, qu'il la retrouva dans sa poche. Tout rempli d'émotio
il fut vers l'appartement de Fatima, et chercha pendant longtemps la por
que devait ouvrir cette clef. A la fin il la découvrit. C'était celle d'une gra
de armoire placée dans le fond de l'appartement de la défunte, et que l'o
distinguait avec peine tant elle était bien masquée par des boiseries. Sa su
prise fut grande lorsqu'il reconnut que cette armoire renfermait pour u
valeur considérable de bijoux que la pauvre Fatima avait achetés sur s
économies.

1831. — Une insulte fut faite cette année au pavillon sarde. Le con
sul en fit part à son gouvernement qui lui prescrivit de demander au Be
satisfaction de cet outrage. Le Bey s'y refusa formellement, parce que l'of
fense avait eu lieu à l'égard d'un contrebandier. L'affaire menaçait de pren
dre de grandes proportions. Douze mille volontaires arabes et maures étaien
déjà réunis à la Goulette pour défendre cette place que menaçaient quinz
bâtiments de guerre rangés en ordre de combat. On allait en venir aux main
lorsque, grâce à la médiation de sir Thomas Read, consul général d'Angle
terre, le Bey se décida à payer une indemnité au gouvernement sarde, c
qui aplanit le différend.

« Comment peut-on traiter avec la Sardaigne? s'écriait le peuple indigné.
» ses sujets n'ont-ils pas été nos esclaves ? Nos sérails n'en sont-ils pas en
» core remplis ? » Ces exclamations émurent le Bey. Avant donc d'avoi
donné une réponse définitive au consul, il réunit le Divan et soumit la ques
tion de paix ou de guerre à ses délibérations. Son opinion personnelle était
de tenter le sort des combats, et tout le monde partagea son avis à l'excep
tion de Ben Ayad, qui revenait d'Europe où il avait été envoyé en mission.
Ben Ayad demanda la parole et adressa à l'assemblée ces simples paroles :
« Déclarer la guerre à la Sardaigne, c'est la déclarer à toute la chrétienté,
» J'arrive d'Europe et j'ai été à même de voir l'immense développement
» de ses forces. Toutes les puissances ont les regards fixés sur la contrée

» fertile que nous habitons et ne cherchent qu'un prétexte pour s'en em-
» parer et y envoyer l'exhubérance de leurs populations. Gardez-vous donc
» de commettre une aussi grave imprudence et souvenez-vous de ce qui
» s'est produit à Alger. »

Ce langage fit un grand effet sur l'esprit du Bey. Il demeura un moment pensif ; puis, se levant de son siége, il dit d'un air résolu : *Je ratifie la paix.*

1835. — Hussein meurt à la suite d'une très longue maladie. Ce fut sous le règne de ce prince que l'on forma, pour la première fois, des corps de troupes organisés comme l'étaient celles du grand Seigneur. MM. Collin et le baron de Glory furent les auteurs de cette organisation qui reçut de grandes améliorations par la suite. Le costume des personnages de la cour fut également transformé vers la même époque.

Les mœurs commencèrent aussi à s'adoucir sous le règne de Hussein. Les Européens purent se livrer avec toute sécurité à leurs transactions commerciales ; et la vue d'un chapeau ne devenait plus l'occasion de grossiers outrages.

A la mort d'Hussein, son frère Mustapha monta sur le trône. Ahmed Pacha, fils du défunt, fut nommé Bey du Camp.

Bien que Hussein eût laissé quatre fils en situation de lui succéder, aucun d'eux ne voulut accepter cette haute position. Parfaitement unis d'intention, ils la cédèrent à leur oncle.

Le règne de Mustapha fut court mais tranquille ; rien de remarquable, si ce n'est la mort de Chékir, ne survint pendant sa durée. Ce Chékir avait eu l'idée de renverser la dynastie actuelle qui comptait déjà 140 années de règne, de céder le pays au sultan et de se faire investir par lui du titre de Pacha.

De simple esclave qu'il était, Chékir le Géorgien s'éleva successivement jusqu'au poste de premier ministre. Il introduisit des réformes dans l'administration, dans les finances et fut un des partisans les plus déclarés du nouveau système d'organisation des troupes.

Cependant il ne négligeait pas sa fortune particulière, et, à cet effet, il établit de nouveaux droits et de nouveaux impôts dont il sut tirer grand profit.

Hussein admirant le zèle de cet esclave, désira de l'en récompenser et lui donna l'une de ses filles en mariage. Tant que ce prince vécut, il n'eut que d'excellents rapports avec Chekir. A sa mort, il le recommanda vivement à Mustapha.

L'influence et la renommée qu'avaient acquises cet homme déplurent fortement à Mustapha.

Il fut envoyé à Constantinople quelque temps après l'avénement de ce prince et resta longtemps dans cette capitale. Il en revint avec le titre de bey que lui avait conféré le sultan.

Mustapha ne voyait qu'avec un violent déplaisir l'accroissement si rapide de la fortune de cet esclave qui avait de nombreuses créatures dans toute l'étendue de la Régence. C'était lui, en effet, qui avait nommé tous les gouverneurs de provinces, tous les intendants, etc.; et l'on n'ignorait pas que la garnison de Sousse, composée de 4 à 5,000 hommes du 2ᵉ régiment lui était fort attachée. Mustapha aurait bien voulu s'en défaire ; mais il était trop tard pour essayer de rien tenter contre un homme qui tenait en mains le timon de l'Etat. Il se taisait et approuvait tout ce que son ministre lui proposait, en attendant qu'une occasion se présentât de le renverser.

Depuis son retour de Constantinople, Chekir ne couchait que très rarement au Bardo. Il avait fixé sa résidence habituelle à la M'hamdïa et Sidi Ismaël. Là il s'occupait exclusivement de travaux de jardinage et paraissait vouloir chercher la solitude. Mais, de temps à autre, il quittait sa retraite champêtre pour aller visiter Sousse et voir sa garnison. Il flattait les soldats, leur payait à manger et cherchait à se les attacher par mille séductions.

Dans le courant de l'année 1837, vers le mois de juillet, les montagnards des environs de Bizerte s'étaient mis en insurrection et avaient saccagé la ville de Mâter. Dans la crainte d'une répression, les Arabes offrirent au bey 300,000 piastres pour obtenir un accommodement. Chekir conseilla au bey de ne pas accepter cette offre. Mieux vaut essayer de les détruire pour donner une leçon aux autres qui seraient tentés de les imiter. Le bey se rendit à cet avis, mais avec répugnance, parce qu'il croyait voir que Chekir avait le dessein secret d'indisposer les populations contre lui.

Quoi qu'il en soit, l'expédition se fit, et après quinze jours de lutte opiniâtre, les Arabes furent soumis. Chékir revint avec des prises de la valeur de plus d'un million de piastres.

Le Bey le reçut, à son retour, avec tous les honneurs dus à son grade, à sa qualité et aux services qu'il venait de rendre à l'Etat.

Quelques mois après cette expédition, on vit arriver à Tunis des bâtiments de guerre turcs avec des envoyés du Sultan, porteurs de firmans pour le Bey et de lettres pour Chekir. Un peu plus tard, vers le 24 ou le 26 du mois d'août, une division de la flotte ottomane parut en rade de La Goulette et y prit son mouillage. Mais en ce moment même, six vaisseaux de guerre français se présentèrent sur la même rade. Les deux escadres s'observaient. Le Bey ne connaissait pas le premier mot de cet énigme, et la population aussi peu instruite que le Bey de ce qui se passait, se livrait à mille conjectures.

Un jour que les deux amiraux étaient à terre à La Goulette, l'amiral turc lisait attentivement une lettre que venait de lui adresser Chékir. L'amiral français lui demanda avec assurance quel était le sujet de cette communication. Le turc répondit qu'elle avait trait aux affaires du gouvernement tunisien. A ces mots, l'amiral français s'en saisit en lui disant qu'il était nécessaire qu'il la transmît à son gouvernement. Le turc fut tellement stupéfié d'une pareille hardiesse qu'il n'osa pas articuler un mot.

La lettre, au lieu d'être envoyée à Paris, fut remise au consul de France, qui la donna secrétement au Bey. Celui-ci surprit ainsi les projets de Chekir qui ne tendaient à rien moins, ainsi que nous l'avons dit, qu'à replacer la Tunisie sous la dépendance de La Porte, et d'y réinstituer les anciennes autorités.

Sur le champ, Mustapha manda Chekir au Bardo, sous prétexte de l'entretenir de la situation désespérée dans laquelle se trouvait le trésor public.

Chékir se rendit de suite au palais ; mais à peine sa voiture était-elle engagée sous la voûte de l'entrée principale que les chevaux refusèrent par deux fois d'avancer. Malgré ce présage fâcheux, Chékir monta les escaliers qui conduisent à l'appartement du Bey. Il allait y pénétrer lorsqu'il fut saisi et étranglé par ordre de Mustapha. On arrêta ensuite plusieurs de ses partisans et entre autres Kara-Mohamed, le colonel du 2e régiment d'infanterie avec lequel il avait entretenu des intelligences.

Bien que la mort de Chékir puisse être considérée comme un événement heureux, soit pour la population qu'il tyrannisait, soit pour le commerce européen qu'il ruinait, il est juste de convenir que c'était le seul homme capable d'arracher à l'ignorance le peuple tunisien. Avec lui s'éteignit la charge de *Sahab Tabâ*, garde des sceaux, qui existait depuis des temps très-reculés.

1837. — Le 10 octobre 1837, le Bey mourut, après une courte maladie. Il eut pour successeur Ahmed, qui devait un jour être surnommé le

Régénérateur de la Régence. Ce prince n'eut pas l'occasion de montrer, dès
les premiers jours de son règne, les grandes qualités dont il était doué. Ce
ne fut que quelque temps après son avénement, qu'à l'occasion d'un léger
différend, survenu entre lui et le consul de France, qu'il fit voir ce que l'on
pouvait attendre de la profondeur de ses vues politiques et administratives.

Le 9 décembre 1837, pendant le mois de Ramadan, tandis que Ahmed
Bey se trouvait à la grande mosquée Zitouna pour y faire sa prière, le changeur de monnaies Del Valle traversait le marché connu sous la dénomina-
tion d'El Blagzia. Il portait sur son épaule un sac de mille piastres. Tout à
coup, un sergent des troupes régulières s'approche de lui, et lui tappant fa-
milièrement sur l'épaule, lui dit : « *Ami, que portes-tu dans ce sac ?* » Del
Valle, qui savait très bien que ces familiarités n'étaient pas habituelles chez
les militaires tunisiens, se retourna brusquement et vit que le sous-officier
voulait le dépouiller de son argent. Il essaya inutilement de l'en empêcher.
Nanti de la précieuse sacoche, le militaire se sauva et alla se réfugier dans
la mosquée où le Bey faisait ses dévotions. Del Valle le suivit, mais lorsqu'il fut arrivé près de la porte de la mosquée, la population qui était grou-
pée sur les marches du temple pour voir sortir le Bey, lui barra le passage.
Cependant, on l'invita à raconter sa mésaventure. Un *mekaali* du pacha
qui avait entendu le récit du malheureux changeur, pénétra dans la mosquée et rencontra le sergent porteur du fameux sac. Cet homme paraissait
indécis sur la direction qu'il fallait prendre pour ne pas éveiller de soupçons. Cette indécision constatait le délit. Aussi bien le *mekaali* n'hésita-t-
il pas à l'arrêter et à restituer le sac au changeur.

La cérémonie terminée, on rendit compte au Bey de l'incident qui venait
de se produire en sa présence. Ahmed, animé d'un saint zèle, retourna sur
ses pas, se plaça au centre de la cour du temple, et là, élevant la voix pour
que la nombreuse assistance pût l'entendre, il s'exclama avec toute l'appa-
rence d'une douloureuse surprise : « Comment se peut-il que l'on com-
» mette une pareille action au moment même où je viens prier Dieu d'é-
» carter de mon peuple les calamités qui peuvent le menacer ? Peut-on
» avoir l'audace de voler dans le mois de l'expiation de nos péchés et alors
» que je suis en prière ? Que l'on conduise de suite cet homme en prison,
» qu'on lui coupe la main et qu'on lui inflige mille coups de bâton. »

Ahmed monta alors à cheval pour retourner au Bardo ; mais il fit sus-
pendre l'exécution de son arrêt pour transformer la peine. Il ordonna au
colonel Selim de faire fusiller le sergent. Celui-ci déclara avant de mourir
qu'il était l'auteur d'un vol de 500 piastres commis depuis plusieurs mois

et qu'un pauvre soldat qui en avait été injustement accusé se trouvait encore en prison. On se hâta de vérifier cette déclaration et l'on rendit la
liberté au soldat, qui fut sur le champ élevé au grade de sergent. Cette
double décision fut généralement approuvée et elle devait l'être car elle
témoignait hautement de l'esprit de justice de ce souverain.

Ahmed compte parmi les plus grands princes qui gouvernèrent la Tunisie ; il était généreux, éclairé, bon, exempt de fanatisme, ami du progrès
et libéral. Par malheur, son amour du faste et sa générosité épuisaient le
trésor public, et, pour se procurer de l'argent, il se livrait à des agents avi-
des et impitoyables qui ruinaient et maltraitaient même le peuple, dont il
désirait avant tout le bien-être et le bonheur.

Les actes de ce prince furent toujours en accord parfait avec ses principes et ses maximes. C'est à lui que l'on doit l'affranchissement des noirs
et l'abolition de cette affreuse coutume de mutiler les enfants dans une
pensée de lucre. L'érection d'une chapelle catholique au seuil même de la
porte de la Régence, doit aussi compter au nombre des témoignages les
plus éclatants de son courage et de son libéralisme. La renommée de ses
vertus était depuis longtemps répandue en Europe, lorsqu'il entreprit de
visiter la France, en 1846. Son voyage ne fut qu'une longue ovation ; partout où il passait, il laissait des traces de son affabilité et de sa générosité
vraiment inépuisable.

Ahmed est mort le 30 mai 1855, après un règne de dix-huit années.

Mohamed Bey, son cousin, lui succéda, il avait de grandes qualités, surtout de la bonté et de l'intelligence. Mais il aimait trop les plaisirs et la
dépense. Son harem absorbait les principales ressources du pays. Néanmoins
son administration sage et paternelle a eu des résultats dont le pays garde
encore le souvenir. Il avait pris et il garda à son service des ingénieurs et
des mécaniciens distingués. Ce fut lui qui, dans un intérêt de sûreté publique, institua les rondes de nuit. Comme il aimait les lettres et les beaux-
arts, il accueillait toujours à merveille les écrivains et les artistes que le
hasard ou le calcul attiraient à sa cour. Mohamed Bey, est mort le 22 sep-
tembre 1859.

Le prince qui lui a succédé et qui occupe aujourd'hui le trône est Moha-
med-el-Sadoq. Comme son règne n'est pas encore du domaine de l'histoire,
il ne nous appartient pas d'en parler. Constatons seulement que les grands
travaux d'utilité publique ont été commencés et achevés sous son gouvernement. Une seule de ces entreprises suffirait à illustrer un règne : Nous voulons parler de la reconstruction du grand aqueduc de Carthage qui fournit

à la ville les eaux dont elle manquait. Dix millions de francs ont été con
crés à ce magnifique travail.

La ville est également redevable à ce prince de plusieurs améliorati
importantes, telles que le pavage des rues, la construction d'égouts couvè
la rectification de l'alignement des rues, etc., etc. Toutes les personnes
ont eu le bonheur d'approcher de sa personne, sont unanimes à rendre hc
mage à sa rare distinction, à son mérite éminent et surtout à son admi
ble bonté. Heureux celui à qui reviendra l'honneur de faire connaître a
détail les bienfaits que le peuple de Tunis aura dus à sa libérale et s
administration.

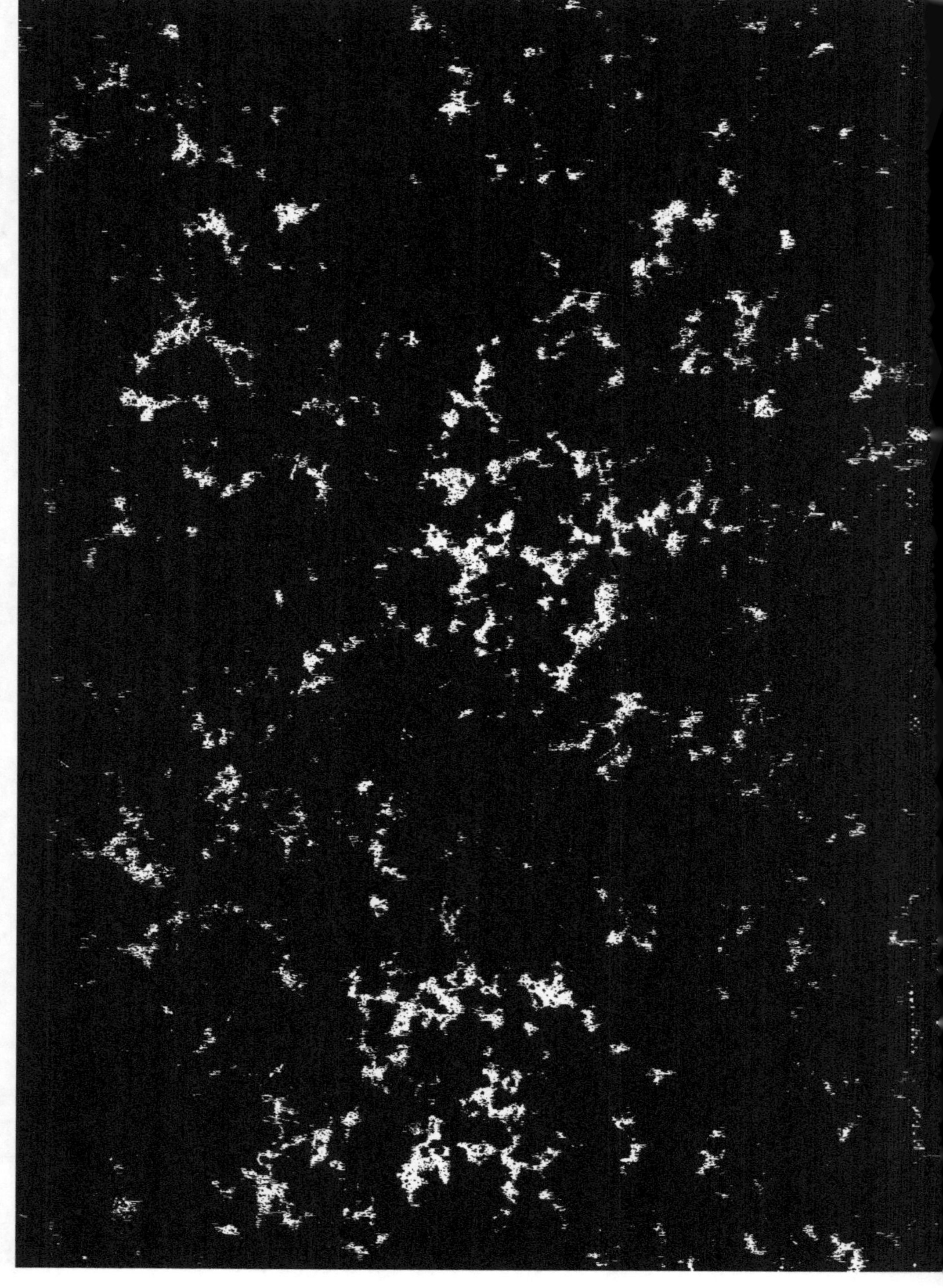

www.ingramcontent.com/pod-product-compliance
Lightning Source LLC
Chambersburg PA
CBHW051135050726
47594CB00003B/1103